GIUNTI EDITOR

nutella

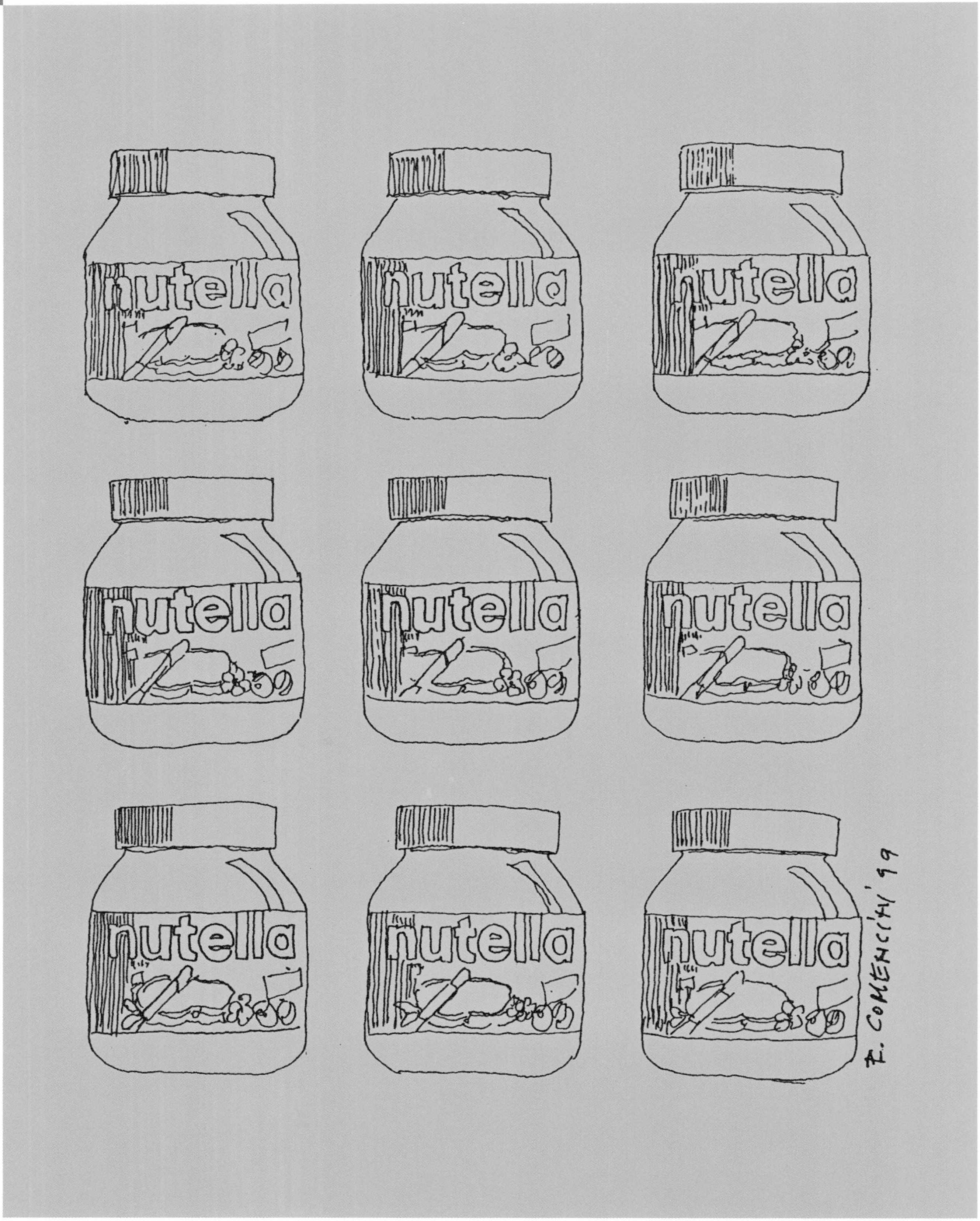
nutella
nutella
nutella
nutella
nutella
nutella
nutella
nutella
nutella

Clara Vada Padovani

Passione nutella®

GRANDI CHEF E RINOMATI PASTICCIERI
COINVOLTI IN UN'INSOLITA AVVENTURA
SULLE DUE SPONDE DELL'OCEANO

con un contributo di Gigi Padovani

prefazione di Andrea Lee

GIUNTI

Testi:
Clara Vada Padovani, pp. 8-11, 79-240 e Gigi Padovani 22-77

Si ringrazia Andrea Lee per il testo di *Belle de Jour* delle pp. 16-19
La traduzione dall'inglese è di Susanna Selmin

Fotografie originali dei ricettari: Francesca Brambilla e Serena Serrani pp. 73, 83-157, Marco Favi pp. 165-203 (salvo dove altrimenti indicato nelle referenze iconografiche)

Elaborazione immagini: Serena Serrani

Realizzazione delle ricette: Federico Coria pp. 73, 83-157 (salvo dove sia intervenuto l'ideatore della ricetta); Rosalba Gioffré pp. 165-203

Progetto grafico e copertina: Yoshihito Furuya

Impaginazione: Giovanni Mattioli

Redazione: Giada Riondino

Revisione tecnica delle immagini: Nicola Dini

Responsabile editoriale: Davide Mazzanti

Si ringraziano per i materiali destinati al set del ricettario casalingo (pp. 165-203):
Ceramiche Virginia, Montespertoli (Fi), info@showroomvirginia.it;
Franco Spini, Articoli da regalo, liste di nozze, casalinghi, Firenze

www.giunti.it

via Bolognese 165 - 50139 Firenze - Italia
via Dante 4 - 20121 Milano - Italia

Prima edizione: novembre 2010

Ristampa	Anno
4 3 2 1 0	2013 2012 2011 2010

Stampato presso Giunti Industrie Grafiche S.p.A. – Stabilimento di Prato

«La scoperta di una nuova pietanza contribuisce alla felicità
del genere umano più della scoperta di una stella»
Anthelme Brillat-Savarin

A mia madre Olga, che sognava l'America

DOLCI EQUAZIONI

di Clara Vada Padovani

Ricordo che nel vassoio di paste che mio padre portava a casa la domenica mattina, rimaneva sempre un ultimo bigné. Non era educato mangiarlo. Eppure, forse era proprio il più buono. I dessert hanno un triste destino. Arrivano sempre dopo, al termine di un pasto. E così, specie se il menu non è equilibrato, molti vi rinunciano perché già oppressi dalle calorie precedenti, perdendosi una parte di felicità.
Non sono una golosa impenitente, ma fin da quando ero in età da fornelli, sfogliando un libro di cucina, sono fatalmente attratta da torte e biscotti, budini e semifreddi. Da vent'anni compro libri e riviste di cucina, colleziono ricette che trascrivo nei miei quaderni. E mi sono accorta che ho raccolto soprattutto appunti e memorie ad alto tenore zuccherino.
È vero, mi piace il "lato d" della vita e della cucina, legato ai dolci: frullare uova, zucchero... montare panna, albumi... impastare farine... avere la casa pervasa dal profumo inebriante delle nocciole e delle mandorle appena tostate, guardare la magia della lievitazione attraverso il vetro dello sportello del forno, tirar fuori dal frigorifero un bavarese e sformarlo perfettamente... e alla fine vedere la gioia negli occhi dei commensali.
Passione da *gourmet* o desiderio da *gourmand*? Forse tutte e due.
Forse, per compensare l'aridità dei numeri che hanno accompagnato molta parte della mia vita, forgiandomi a un rigore particolare verso me stessa.

Forse per superare momenti di avvilimento professionale per i risultati scolastici poco confortanti di quegli allievi un po' strafottenti convinti che «la matematica serve a niente, basta avere la calcolatrice. Anzi, prof, adesso ci sono i telefonini...». E ci voleva qualche mese di paziente fatica dalla cattedra per far loro apprezzare questa materia fino a trovarla persino divertente.
Forse per sopire quegli inevitabili sensi di colpa che assalgono tutte le madri-lavoratrici-tassiste-organizza-party, quando mi gratificavo il sabato pomeriggio preparando torte e pasticcini per mia figlia Alice e le sue amichette.
Forse... anzi, sicuramente, mi sono rifugiata nei dessert perché la mia stessa "forma mentis" mi ha sempre fatto apprezzare una peculiarità delle ricette dolci: la loro precisione scientifica. Nella cucina salata si può rimediare a qualche piccolo sbaglio, nella pasticceria no. Si deve ricominciare da capo, come in una equazione matematica. Amo la perfezione, quando umanamente è raggiungibile, ma anche la semplicità. Perciò ho sempre evitato preparazioni lunghe da eseguire, oppure con ingredienti difficili da reperire o complicate dall'uso di utensili troppo tecnici.
Le mie realizzazioni a volte nascono dalla tentazione di variare o sostituire qualche ingrediente, come le ricette con Nutella che vi propongo in questo libro.
Perché Nutella?
Forse, perché da bambina mi veniva concessa dai genitori soltanto come premio dopo tanti "fioretti" e proprio perché lesinata ha rappresentato le più belle merende a casa delle mie compagne di scuola.
Forse, perché simbolo di un'indimenticabile complicità con mia nonna Caterina, notoriamente golosa e sempre disposta a esaudire ogni mio desiderio, e anche ricordo dei noccioleti di famiglia in Langa e le mie estati, ancora adolescente, trascorse ad aiutare a raccogliere le nocciole da portare alla Ferrero.
Forse per tutte quelle occasioni in cui sono riuscita a far assaporare ai miei allievi la dolcezza della matematica, mantenendo la promessa di organizzare a scuola un Nutella party per festeggiare la totale sufficienza dei risultati di un compito in classe.
Forse... anzi sicuramente perché rappresenta la mia giovinezza, la mia generazione, ma anche il forte legame che sento con la mia terra, con la mia città, in cui ho sempre respirato l'aria di Nutella che usciva dalle ciminiere della più grande fabbrica di cioccolata d'Europa.

In questo libro ho raccolto le mie dolci gratificazioni, dividendole a seconda delle occasioni della giornata: dalla colazione, alle merende dei ragazzi, fino all'ora del tè e alle cene con gli amici.

Si tratta di proposte semplici, facilmente realizzabili, con materie prime che si trovano in qualunque negozio o supermercato. Le ricette rispecchiano la mia personalità, la mia visione dell'arte cucinaria "dieteticamente corretta", con eliminazione o riduzione di zucchero, burro e grassi in genere, rispetto alle dosi classiche, con una "modica quantità" di Nutella che regala un tocco di golosità, di colore, di gusto.

Amo mangiare per deliziarmi, girare l'Italia alla ricerca di prodotti e locali straordinari, conoscere la personalità e il genio di uno chef o di un pasticciere. Quindi è stato emozionante per me degustare un parfait, prima con una salsa all'arancia poi perfezionato "in diretta" dall'acidità della gelatina di pomodoro. È stato sorprendente assaggiare un wafer di foie gras e Nutella o avere in bocca l'esplosione di un sapore irripetibile come l'aria di nocciola.

Fa dire Oscar Wilde, grande amante delle piacevolezze, a un protagonista della sua commedia *Vera o i nichilisti*: «Sbagli a parlare male della gastronomia. La cultura dipende dalla gastronomia. Per quanto mi riguarda, l'unica immortalità che desidero sta nell'inventare una nuova salsa». Non so se l'inventore della Nutella diventerà immortale o semplicemente riceverà un premio Nobel – come già da tempo proposto da Fabio Fazio –, certamente i miei amici cuochi e pasticcieri che hanno accolto con incredibile entusiasmo e sufficiente ironia il mio invito a ispirarsi a questa mitica crema, conquisteranno eterna gloria nel "girone" dei Nutella-dipendenti. La gratificazione più bella, per loro, in Italia come a New York, è stata guardare la mia faccia quando assaggiavo per la prima volta quel piatto, quella ricetta preparata per dare un tocco di imprevedibilità e di grande professionalità a questo libro.

Ne sono consapevole, è un libro di ricette come ce ne sono tanti. Ma è unico. Perché per la prima volta chef e pasticcieri prestigiosi, tutti premiati con i cappelli e le stelle delle guide gastronomiche, si sono simpaticamente cimentati con questo prodotto che rappresenta un pezzo del nostro immaginario collettivo. Una crema alle nocciole tanto nota che non ha bisogno di ulteriore pubblicità, ma ha costituito il divertente collante di due mondi paralleli: quello della cucina e quello dell'arte bianca.

Per la verità, ho l'ambizione di credere che quest'opera possa rappresentare anche qualcosa di più, che riesca a dare risalto ad alcuni tra i più prestigiosi interpreti della

nuova cucina italiana e della pasticceria di qualità. Alla già eccezionale squadra della prima edizione di *Passione Nutella*, in questa si aggiungono alcune donne chef e altri giovani cuochi del Bel Paese, oltre ad alcuni protagonisti dei ristoranti più *cool* di New York che si ispirano alla tradizione del made in Italy. Il filo che li accomuna, sulle due sponde dell'Oceano, è la ricerca di materie prime tipiche. Sono cuochi e pasticcieri che non sono soliti usare prodotti da supermercato nelle loro ricette, come è ovvio. Ma sono legati al nostro *terroir*.

Nutella è un emblema dell'innovazione e della creatività italiana, è uno dei nostri marchi più conosciuti all'estero e merita questo tipo di omaggio. È una crema da spalmare nata dalla nostra tradizione cioccolatiera, con le nocciole delle mie Langhe: un prodotto industriale assurto ormai a mito.

Clara Vada Padovani

SOMMARIO

HAPPY BIRTHDAY

BELLE DE JOUR

di Andrea Lee

Di certo non aspiravo, almeno in modo consapevole, a essere considerata una sorta di esperta internazionale del mito della Nutella. Tuttavia, più di dieci anni fa, mi è successo di aver scritto, per divertimento, un breve articolo spiritoso per il "New Yorker" che fece conoscere al pubblico americano, sempre affamato di novità sul cibo, l'esistenza di questa leggenda italiana. Il mio punto di vista era privilegiato: quello di una scrittrice americana che vive in Europa. Scrissi della curiosa passione per quel cremoso impasto di cacao e nocciola che in Italia unisce giovani e vecchi, le avanguardie intellettuali delle grandi città e i provinciali dei villaggi più sperduti e tradizionali, i politicanti di destra e di sinistra, tutti accomunati nell'orgasmo di questa galassia del benessere. Ironicamente, avevo voluto interpretare la Nutella analizzandola sotto una prospettiva politica, filosofica, sessuale: cioè tutti gli istinti primari. Avevo accennato ai trend globali, senza svelare il mio rapporto personale con la Nutella, che era iniziato molti anni prima a Roma, in cucina, in un caldo pomeriggio d'estate.

Vi dovete immaginare una giovane donna americana, appena approdata dagli Stati Uniti nella "città eterna". Roma è un po' la capitale di quel tipo di cibo che eufemisticamente si potrebbe definire l'oggetto del desiderio. A Roma questa giovane è subito conquistata da delizie come i carciofi alla giudea e gli spaghetti alla carbonara; ma allo stesso tempo le mancano quei cibi frivoli e prettamente americani, come i Nacho chips o i Brownies. È un pomeriggio importante, decisivo. Lei è in piedi. Fissa un piccolo barattolo aperto, l'etichetta è rossa e bianca. I suoi pensieri corrono: «Com'è strano spalmare la cioccolata sul pane... alla televisione dicono che è un prodotto sano... i bambini la adorano... probabilmente è piena di zucchero... non assomiglia affatto al burro d'arachidi... già, cosa sono esattamente le nocciole? E poi il nome, così strano e retrò. Nutella... come Cinderella (Cenerentola)... Noo-tell-a. O qualcosa di simile a quel libro di Nabokov. Ma sì, Lo-li-ta... Nu-tell-a». Immersa in questi pensieri, tuffa l'indice destro nel barattolo e si porta alla bocca il gusto di crema al cioccolato. Bastò quello. Fu come l'istante in cui Pandora aprì il vaso, o in cui Eva dette un morso a un frutto sconosciuto: iniziò la passione di una vita. Il sapore che proviene da quella misteriosa e densa consistenza, non-proprio-priva di zucchero e cacao, le suona strano e straniero, una delle tante nuove esperienze di gusto dell'Italia. Eppure c'è qualcosa di indiscutibilmente familiare, che la ammalia, come se la conoscesse da sempre. Più tardi, quella stessa notte, si alzerà dal letto e mangerà di nuovo la Nutella. Questa volta con un cucchiaio.

Caro lettore, quella giovane donna ero io; e attraverso tutte le vicissitudini e le peripezie della vita di una scrittrice lontana dalla sua patria – matrimonio, libri, nascita di figli, altri libri, viaggi, divorzio, nuove nozze – la Nutella è sempre stata, in qualche maniera, presente. Il personaggio di T.S. Eliot, Prufrock, povero disgraziato, dice di aver misurato e scandito la sua vita a cucchiaiate di caffè. Io confesso che la mia vita all'estero può essere misurata e pesata in barattoli di Nutella.

I miei figli, nati in Italia e bilingui, sono cresciuti mangiando toast con la Nutella, al ritorno da scuola. Ancor oggi ricordiamo, tra gli aneddoti di famiglia, quell'episodio tragico, quando mia figlia fece cadere un barattolo di 2 chili di Nutella per terra. E abbiamo nelle orecchie il rumore della rottura: "KLOOMP". Mio marito, italiano, inventò un nuovo verbo: Nutellare. Andare verso la Nutella. Quando viaggiavamo in ferie, in giro per il mondo ci portavamo dietro la Nutella, specialmente in America. Ma, quasi che l'articolo scritto per "New Yorker" fosse stato profetico, via via che passavano gli anni e avanzava il secondo Millennio, cominciavamo a trovare la Nutella nei luoghi più lontani: Hong Kong, Kenya, Madagascar. Mio figlio, quindicenne, mi manda a dire che quest'anno al suo collegio di Boston le ragazze, ragazze americane, portano barattoli di Nutella dalle loro stanze per fare colazione. La globalizzazione è una realtà. Questo cosa significa per la Nutella? Significa che nel mondo si sentiva il bisogno di un conforto che non venisse solamente da una lattina fredda e frizzante o da un panino con l'hamburger nato sotto gli "archi dorati". Significa che l'Italia, i cui instancabili esploratori hanno modellato la storia del mondo in costante espansione, ha fatto un altro passo avanti nel Tango delle influenze culturali che si spostano a ritmo frenetico ma sensuale da una sponda all'altra dell'Atlantico. In sintesi, si può dire che l'America fece scoprire il culto del cioccolato all'Europa e ora l'Europa le ricambia il favore. Con l'aggiunta delle nocciole.

Oggi la fabbrica Ferrero in Canada funziona a pieno ritmo. Perciò a questo punto è già pronto il palcoscenico per l'ultimo atto dello spettacolo-Nutella: la conquista del Nord America. Nonostante la nostra era tema la globalizzazione e il gigantismo, il suo successo appare scontato. Gli Americani, come gli Italiani, saranno sedotti, ammaliati, non solo dall'avviluppante, cioccolatoso sapore della Nutella, ma anche dal contrasto originale della sua immagine: infantile e innocente quanto affascinante e ossessionante. Una delle prime cose di cui ci si accorge, quando si è alla ricerca delle origini del mito della Nutella, è l'allettante contrasto tra la pubblicità fresca e diretta alle famiglie, e il segreto noto a tutti che qualcosa di così indescrivibilmente delizioso è ovviamente, peccaminoso. Perché la Nutella è la "Belle de Jour" dei cibi europei per la famiglia.

L'attrazione "double face" della Nutella deriva dal fatto che pur essendo assolutamente, tradizionalmente italiana – i gianduiotti hanno una lunga storia in Piemonte – allo stesso tempo è chiaramente un prodotto industriale, nato nella cultura prettamente americana del dopoguerra. Il nome stesso, Nutella, per esempio, è un gioco di parole inglesi. Rimanda all'utilizzo, nel corso del XX secolo, da parte degli Americani, di nomi commerciali inventati con lo scopo di colpire e rimanere nella quotidianità collettiva: sembra di un prodotto già americano. La sua irresistibile caratteristica di un burro alla nocciola, cioccolatoso e avviluppante, da spalmare sul pane, la rende adatta a far parte degli "snackfoods" americani; quasi ci si chiede perché non esistesse già nel mondo Usa fatto di burro di arachidi e gelatina, merendine ripiene e fritte, e l'incredibile marshmallow, gommoso e spumoso al tempo stesso. In fondo, lo sbarco della Nutella negli Stati Uniti è quasi un ritorno spirituale a casa.

Ma parliamo della mia personale relazione con la Nutella. Negli anni si è evoluta. È come l'intesa che un "gentleman" del XIX secolo poteva avere con un'amante di lunga data. A volte facciamo colazione insieme. In altri momenti stabiliamo un rapporto di intimità in strani orari della giornata. Talvolta non ci incontriamo per settimane. Ogni tanto, esasperata dalla troppa ingordigia, la metto al bando. Ma altre volte, la vecchia passione si accende e mi ritrovo, dopo la mezzanotte, in cucina con un barattolo aperto e un cucchiaio in mano. Nu-tell-a. È davvero un miscuglio come Lolita, a metà tra la gioia fanciullesca e la tentazione adulta. Come il classico di Nabokov, celebra le influenze europee e americane di tutti gli strati sociali. Pertanto, alzate i vostri coltelli e i vostri cucchiai per celebrare, o voi scolaretti, voi massaie, voi chef e golosi in genere! Il vostro piacere, e il mio, è ora spalmabile in tutto il mondo.

Andrea Lee

nutella

INTERNO NOTTE

di Gigi Padovani

Silenzio. La stanza è illuminata soltanto da un computer acceso.

Oscar Wilde ha scritto che le cose buone o fanno male o sono proibite. Questa è un'eccezione. Il barattolo è pieno. Girando la ghiera del coperchio, constato che è ancora illibato. Procedo. Roteo la plastica bianca con un movimento di 360 gradi, lento, consapevole. Poi avverto come un intoppo. Sono arrivato al punto di non ritorno. Se lo supero, dovrò ammettere l'apertura del vasetto.
Ma il vero ostacolo è ancora da superare. È quel velo in multistrato dorato e puntinato che ricopre l'imboccatura tonda del barattolo. Lo strappo della protezione in carta è il momento iniziale del rito. Un movimento lento, anche per non fare rumore, ma deciso. E subito arriva l'effluvio. Sentori di nocciola, di vaniglia, di zucchero. Poi, quasi di soppiatto, entra nel naso il cacao.
La bocca si riempie di saliva, il cervello già immagina l'impatto della lingua con la crema. Il cucchiaino affonda morbido. La superficie violata s'increspa, lascia trasparire un piccolo collasso nel lago di crema, poi si adatta alla forma dell'acciaio, che la penetra senza esitazioni.
Sollevo il cucchiaino e sotto di esso si forma qualche filamento. Il profumo arriva dritto nel cervello. Sono inebriato. La prima cucchiaiata è profonda, peccaminosa, ma

rapida. La crema si va subito a impastare sulle labbra, poi sale sulla lingua, finisce in fondo al palato e s'infila tra i denti. Mi fermo, estasiato.
Una cucchiaiata non basta. È soltanto l'inizio. La bocca richiede altro cacao, altre nocciole, altro zucchero. La sensazione di piacere comincia a circolare in tutto il corpo. Non mi stanco. Devo riflettere, sentire il sapore, come mi hanno insegnato ai corsi di degustazione. Ecco arrivare il retrogusto. Nocciole, vaniglia, cacao.
Ma quell'altra sensazione cos'è? Una cucina anni Sessanta con il tavolo in fòrmica giallino e le sedie dalle gambe tubolari d'acciaio inox. Piedini di gomma. Sto per andare a scuola, al liceo. Un barattolo aperto sul tavolo. Una tazza di latte bianco. Una fetta di pane. Nel mangiadischi, una canzone di Patty Pravo, in anticamera i libri di latino e greco tenuti insieme da una cinghia di gomma verde.
L'onda del ricordo mi assale per un attimo. Forse sto esagerando, ma affondo di nuovo il cucchiaino. Arriva il retrogusto leggermente sapido. Bisogna vincerlo con un po' d'acqua. Vado a cercare un Cd con la "ragazza del Piper". Che mondo sarebbe senza la Nutella?

[Da *Gnam!, Storia sociale della Nutella*, 1999, Roma]

Gigi Padovani

nutella
FERRERO

LA GRANDE SPALMATA

Gli antenati tra le nocciole delle Langhe Non poteva che nascere ad Alba, tra colline dolci come le onde del mare, questa crema alle nocciole diventata famosa in tutto il mondo. Se i crinali della Bassa Langa ospitano le viti dei vini italiani più noti – Barolo, Barbaresco, Dolcetto –, i poggi più alti, tra boschi e forre, continuano a lussureggiare di alberelli che donano un frutto oleoso dall'aroma inconfondibile, in grado di mitigare l'asprezza del cacao. È la «tonda e gentile del Piemonte» – così chiamata per la sua forma –, che fin da metà dell'Ottocento i cioccolatieri di Torino e della regione usano per realizzare un prodotto goloso e morbido, il gianduiotto.

In questa tranquilla cittadina, capitale delle Langhe, a sessanta chilometri a Sud di Torino, subito dopo la fine della Seconda Guerra Mondiale è nato l'antenato della Nutella. Il pasticciere che lo creò si chiamava Pietro Ferrero (1898-1949) e battezzò "Giandujot" quel dolce panetto avvolto nella carta stagnola. Era un surrogato da tagliare a fette, a base di nocciole – allora facilmente reperibili sul mercato locale e a buon prezzo –, zucchero, un poco di cacao e oli vegetali. I bambini di quell'Italia povera e affamata iniziarono a mettere la nuova delizia in mezzo al pane per merenda e ne rimasero irrimediabilmente conquistati. Questo prodotto realizzato tra la fine del 1945 e l'inizio del 1946 fu l'idea che permise il nascere di una fortuna industriale così rapida da non avere eguali nel panorama imprenditoriale italiano.

Quello dei Ferrero è l'esempio di una dinastia passata, in tre generazioni, dalla bottega tra i vicoli del centro storico di Alba alla dimensione multinazionale, con un gruppo che è tra i primi al mondo del settore dolciario con un fatturato (dati 2008-2009) di 6,3 miliardi di euro, 21 mila dipendenti, 18 stabilimenti nei cinque continenti e una produzione annua di quasi un milione di tonnellate di prodotti, dalle praline ai mentini, dagli ovetti alle merendine, fino al tè freddo e ai dessert da tenere in congelatore. Tutte idee irripetibili, sia pure nate da grandi classici della pasticceria e confetteria: è la filosofia che il figlio di Pietro, Michele Ferrero, ha voluto imprimere

A sinistra: fin dall'inizio, la Ferrero si dotò di un parco auto per distribuire i prodotti. Qui a fianco: il *Giandujot* è l'antenato della Nutella: un panetto da tagliare a fette.

Nella pagina a fronte: in alto, la prima immagine pubblicitaria di Ferrero, nel dopoguerra. L'azienda nacque ad Alba, città del Sud del Piemonte: in basso, piazza Risorgimento.

all'azienda fin da quando ne prese le redini a soli 24 anni, insieme con la madre Piera Cillario, quando nel 1949 il padre morì improvvisamente.

Se Pietro, lo "scienziato" della famiglia, era riuscito a inventare una specialità capace di cambiare le semplici abitudini alimentari dei bambini, fu il fratello Giovanni, più giovane di sette anni, a decretarne il successo: aveva il commercio nel sangue e con la sua Fiat 1100 rossa batteva le campagne del Nord Italia per vendere direttamente le dolcezze Ferrero ai piccoli negozi dei paesi, saltando i grossisti. Nel 1947 gli automezzi aziendali con il motto «Sono stato il primo e resto il migliore» erano 12, nel 1954 salirono a 154, nel 1955 arrivarono a 804, negli Anni Sessanta toccarono quota duemila: un parco veicoli uguale, allora, a quello dell'Esercito italiano. Quei furgoncini color zabaglione con le strisce al cioccolato fecero felici milioni di ragazzini.

Come i pionieri del cioccolato americano Milton Hershey e Forrest Mars, o come quelli dell'industria dolciaria svizzera Rudolph Lindt e Henry Nestlé, o l'inglese John Cadbury e l'olandese Coenrad van Houten, Pietro Ferrero e il figlio Michele sono *self made men* che hanno contribuito a trasformare l'Italia uscita dalla guerra in una potenza industriale: il loro contributo allo sviluppo economico del Paese è stato molto importante e decisivo, come scriveva il giornalista Domenico Bartoli nel libro *Storia di un successo*, pubblicato nel 1967. Il Gruppo Ferrero è rimasto una *family company* – ora guidata dai due CEO, Pietro e Giovanni, figli di Michele – che non ha mai cercato alleati in Borsa ed è rimasta saldamente nelle mani dei fondatori.

ono stato
l primo
resto il
nigliore
GIANDUJOT
LIRE
15
IL PEZ
Ferrero Alba

A sinistra: le antenate della Nutella: Cremalba e Supercrema, che dal 1949 era venduta in barattoli da 500 grammi.

Nella pagina a fronte: uno dei calendari pubblicitari realizzati dall'azienda albese che venivano regalati ai rivenditori. Il marchio Ferrero fu poi modificato nel 1964.

Il 20 aprile del 1964 nasce una stella Il Giandujot da tagliare a fette si trasformò ben presto in una conserva alimentare da spalmare sul pane, che con orgoglio fu battezzata Supercrema e racchiusa in barattoli di vetro da 500 grammi, oppure in pentole che le casalinghe potevano riusare. Ma come divenne una crema? Come per tanti altri dolci, dal panettone ai savoiardi alle praline, le origini sono avvolte nella leggenda. Forse uno di quei pani di surrogato di cioccolato si sciolse in una calda giornata dell'estate 1949. Michele Ferrero capì che quella crema di nocciole era ottima da spalmare sul pane. Ma, fatto il primo passo, ne occorreva un altro. Un battesimo per trasformare il "brutto anatroccolo" in cigno e farlo entrare nel mito. Si incominciarono a studiare e a ipotizzare i vari nomi: Cremalba, Nussy, Tartinoise in Francia. Per la conquista dei mercati, almeno in Europa, serviva un marchio capace di allontanare il vasetto dal ricordo del Piemonte.

Come ha commentato l'intellettuale messicano Carlos Fuentes, gli scrittori devono saper nominare il mondo, con un uso etico delle parole. È accaduto anche per Nutella. Quel *naming* tanto accattivante, che suona come una carezza della voce, è stato determinante per il suo successo mai venuto meno. Un *evergreen* che sovverte le teorie del marketing sulla vita di un prodotto, che dopo il momento culminante dovrebbe entrare in fase calante. Anche il *lettering*, cioè i caratteri usati per identificare il logo – che oggi ha un valore inestimabile – ha contribuito a farla entrare nella leggenda.

In questo caso *nomina sunt consequentia rerum*, come scrisse l'imperatore romano Giustiniano I di Bisanzio. Infatti, poiché non si poteva più usare il marchio Supercrema a causa di una legge del 1963, i manager Ferrero furono chiamati a pensare qualche alternativa. Come ribattezzarla? Nussina, Nutina, Nusscrem? L'idea vincente venne a Michele Ferrero, alla fine del 1963, mentre si trovava in Germania e i dirigenti locali dell'azienda, come

Ferrero
ALBA
Ferrero
I TALY
il giro del mondo
con FERRERINO

A sinistra: il vasetto di Supercrema in uno spot tv, poco prima del lancio di Nutella, qui a fianco, che avvenne nel 1964: si puntò subito sulla fetta di pane e sulle nocciole.

Nella pagina a fronte: la prima immagine pubblicitaria disegnata dallo Studio Stile di Milano, con i bozzetti ideati da Lelo Cremonesi e Gian Rossetti.

Severino Chiesa, gli chiedevano di decidere in fretta. «Sarà Nutella», disse Michele alla moglie Maria Franca, sua stretta collaboratrice in azienda. «Servirà a far ricordare a tutti che nel barattolo ci sono le nocciole». Infatti il termine inglese *nut*, che significa noce, è riconducibile a *hazelnut*, nocciole, mentre in tedesco questo frutto secco si dice *Nuss*.

Il lancio del nuovo prodotto fu preceduto da una fase di test, affidata al primo guru del marketing e dei consumi, Giampaolo Fabris (1938-2010), che così ha raccontato quell'esperienza (dalla prefazione di *Gnam*): «Avevo poco più di vent'anni quando fui incaricato dall'azienda di testare il nuovo nome scelto per rilanciare in tutta Europa la Supercrema, l'antenata della Nutella, ed ero alla mia prima esperienza di lavoro. Allora il *deus ex machina* assoluto dell'impresa dolciaria fondata dal padre Pietro era Michele Ferrero, un uomo di straordinaria apertura, un genio del prodotto che aveva capito prima delle grandi multinazionali la regola della non clonabilità. Facemmo ricerche accurate sul come veniva accolto quel marchio dai consumatori in Germania, Francia, Inghilterra, per vedere come era letto e decodificato. Fu una delle prime operazioni di marketing in Italia. La campagna di lancio venne ideata da uno studio grafico milanese e partì con una grande affissione di manifesti, sui quali campeggiava la fetta di pane spalmata. Venne così bonificata l'immagine del cioccolato in Italia: non era più quella tavoletta a quadretti, scura, ma una crema da spalmare sul pane. Il pane rassicurante, casareccio, protettivo, materno aveva il significato che ha avuto il latte per altre linee di prodotti della Ferrero, con il famoso slogan, più latte meno cacao. Fu una scelta di grande intelligenza, perché il rapporto degli italiani con il cioccolato era fortemente perturbato. Era considerato un lusso delle grandi occasioni, che tendenzialmente faceva pure male, soprattutto ai bambini». L'agenzia citata da Fabris era lo Studio Stile. I suoi titolari, negli Anni Sessanta, erano Lelo Cremonesi e Gian Rossetti,

nutella
FERRERO

A sinistra: la serie di cartoni animati del *Gigante Amico* andò in onda su "Carosello" dal 1971 al 1976; i testi erano ideati dallo scrittore Romano Bertola. Qui a fianco, il cattivo rapace Jo Condor ne combina di tutti i colori, ma viene sempre sconfitto dall'eroe gigantesco.

l'artista che ha ideato la famosa fetta di pane rappresentata nelle prime pubblicità. Il 17 marzo 1964 fu registrato il brevetto e la produzione dei vasetti di Nutella incominciò nello stabilimento di Alba il 20 aprile 1964. Una data storica per l'industria dolciaria, nello stesso giorno in cui Stati Uniti e Unione Sovietica annunciarono la prima riduzione dei loro piani atomici. Quello fu un anno ricco di cambiamenti, per il costume e la cultura: esplose la Pop Art di Andy Warhol e Roy Lichtenstein, alla Biennale di Venezia; Mary Quant lanciò la minigonna; Betty Friedan fece conoscere il movimento femminista all'America e sulle copertine dei *magazine* imperversava Twiggy.
In Francia e Germania la Nutella arrivò l'anno dopo, in Australia nel 1978 (stabilimento di Lithgow, nei pressi di Sydney), mentre gli Stati Uniti dovettero aspettare fino al 1985. Nel 2006 la produzione di Nutella per l'area Nafta si è spostata da Somerset, nel New Jersey, a Brantford, in Canada, a non molta distanza da Toronto.
Il più grande Nutellificio del mondo rimane quello di Alba, dove ogni giorno decine di Tir portano in fabbrica 140 tonnellate di cacao, 130 di latte, 100 di nocciole e una "giostra" dalle grandi mammelle automatiche dispensa a ritmo costante i barattoli per la produzione. Un altro stabilimento italiano di Nutella si trova a Sant'Angelo dei Lombardi (Avellino). Sono ragguardevoli gli impianti francesi di Viller-Ecalles, in Alta Normandia, e quelli tedeschi di Stadtallendorf, a pochi chilometri da Francoforte. Nel 1992 è nata la linea Nutella a Belsk Duzy, quaranta chilometri a Sud di Varsavia, in Polonia, mentre l'ultimo Paese dove si è iniziata la produzione è il Brasile, nel 2005, con lo stabilimento di Pocos de Caldas.
Nutella rappresenta circa il 17 per cento del fatturato globale del gruppo Ferrero, contro il 24 per cento delle praline e il 16 delle uova. Se tutti i vasetti confezionati nel mondo in un anno dovessero gravitare intorno alla Terra, la loro fila sarebbe più lunga della sua circonferenza: 1,3 volte, pari a circa 50 mila chilometri.

Sopra: la Nutella viene prodotta in tutto il mondo, in otto diversi stabilimenti. Il primo ad aprire fu quello di Alba, nel 1946, seguito da quello tedesco e da quello francese. Poi la crema Ferrero si è spalmata su altri continenti: dall'Australia all'America del Sud e al Canada, l'ultimo grande impianto.

In alto a destra: ogni anno si produce una fila di vasetti di Nutella che ora supera la circonferenza della Terra, pari a 50 mila chilometri.

Qui a fianco: pubblicità di Nutella in Francia, dove è molto diffuso l'abbinamento con le crêpes anche nei chioschi per le strade.

In casa di milioni di famiglie si beve nei bicchieri in cui è venduta la Nutella: un grande strumento promozionale. Dopo le prime serie con disegni geometrici, sono arrivate quelle dei cartoni animati: Looney Tunes, Barbapapà, Peanuts, i Puffi. I collezionisti ricercano le serie più rare, da quelle dedicate ai Nutella Party, ai segni zodiacali, alla Pantera Rosa e ai Coccodritti delle sorprese Kinder.

Pane e bicchieri In quasi tutto il mondo, i bicchieri di Nutella costituiscono un oggetto da collezione, un ricordo dell'infanzia, una stoviglia da cucina. In Italia incominciò subito la mania per questi oggetti in vetro d'uso quotidiano, ai quali si sono aggiunti nel tempo caraffe, barattoli, bottiglie, boccali da birra. Nel 1964 il primo bicchiere si chiamava Kristal, poi arrivarono centinaia di altri formati dai mille disegni. Con gli anni Novanta ebbe inizio un'infinita serie di personaggi legati ai cartoni animati, dai classici Disney, a quelli della Warner Bros come Gatto Silvestro, per arrivare ai Puffi, ad Asterix in Francia, compresi gli eroi buoni come Wonder Woman e Superman. Per non parlare dei calciatori, dei segni zodiacali, dei nomi di battesimo italiani. Tutte serie oggi molto ricercate dai collezionisti, che come Luca Carati – milanese, forse il più importante raccoglitore in Italia – si scambiano informazioni attraverso cataloghi stampati oppure online e organizzano aste su eBay o su siti amatoriali.

Negli anni la devozione che Nutella riesce a generare nei suoi fan si è riversata anche sui bicchieri, diventati un'icona del piacere conviviale. L'azienda produttrice ha cercato di rappresentare Nutella anche come una merce di culto soprattutto alla fine degli anni Novanta, con alcune campagne pubblicitarie assai emozionali. Poi, in seguito, è tornata ai messaggi razionali, rivolti all'uso quotidiano di un prodotto per l'alimentazione. Fin dagli anni Sessanta, nelle pagine pubblicitarie sui settimanali italiani, la crema Ferrero è presentata come «una delizia da spalmare sul pane». «Nutella è la razione di sostanze più sane che ci regala la natura: zucchero, nocciole, latte e gusto di cacao. Spalmata sul pane, è la colazione eccellente che mette buon umore a chi la serve e a chi la gusta», era lo slogan usato sotto una fotografia della classica famiglia modello, con padre in giacca e cravatta accanto ai suoi ragazzini dal grembiule immacolato e il fiocchettone azzurro, pronti per andare a scuola.

nutella

nutella

nutella

nutella

Nella pagina a fronte: è il 1975 e nasce la serie di spot televisivi con il *claim* «Mamma tu lo sai», per ricordare alla mamma che lo stesso prodotto da lei gustato ancora bambina è ideale per la colazione dei figli, perché affidabile e nutriente. La realizzazione era affidata a una agenzia interna del gruppo Ferrero, la Pubbliregia, con sede a Pino Torinese.

A destra: la scelta di puntare sulla colazione – «una delizia da spalmare sul pane» – venne fatta da Ferrero fin dal 1964, come dimostra questo annuncio pubblicato sui giornali.

Che sia un goloso peccato di gola o una sana abitudine mattutina (fornisce circa 350 calorie, se si spalmano 30 grammi su una fetta di pane con un bicchiere di latte: un mix consigliato da molti dietologi), Nutella accompagna la vita degli europei ormai da alcuni decenni. Difficile resisterle.

Il messaggio nel barattolo Secondo Jean Baudrillard l'universo degli oggetti «ha qualcosa da dire, in quanto ciascuno di loro va al di là del suo uso puro e semplice», specie se è ormai entrato nell'«universo dei segni» come succede per i prodotti di successo. Segni o sogni? In una società dominata dall'estasi della comunicazione, come direbbe il sociologo francese, tutto diventa «sogno delle merci». E quando un prodotto si trasforma in marca di culto, come Nutella, anche le immagini normali appaiono inadeguate. Non è facile rappresentare l'universo magico che oggi identifica quella parola. Infatti è diventata sinonimo non soltanto di crema da spalmare alle nocciole ma anche «Sacro Graal della Golosità», «madeleine proustiana», «socializzante perché unica», «feticcio contemporaneo», «barattolo del desiderio», condensato di cultura, passione di modelle e sportivi, musa ispiratrice per libri, film, quadri e opere liriche.

Marchio italiano tra i più conosciuti al mondo, quanto se non più della Ferrari, Nutella avrebbe bisogno di una lingua sua, come l'Esperanto, per essere interpretata, perché gli idiomi conosciuti non bastano. La dolcezza rappresentata da quel barattolo si presenta come un'allegra babele di lingue, illuminata dall'aura di un mito alimentato da siti Internet, giornali, canzoni, libri e campioni dello sport. La adorano i ragazzini francesi, prediligendola nelle crêpes. Affondano il cucchiaino nel vasetto intere generazioni di tedeschi, pronti a incominciare la giornata al sapor di pasta gianduia. Tra gli *addicted* sembra ovvio ricordare, oltre agli italiani, i belgi

In tutto il mondo le campagne pubblicitarie della Nutella hanno sempre rivolto l'attenzione all'uso della crema da spalmare in famiglia, sottolineando il ruolo sempre attento dei genitori: il padre o la madre sono accanto al bambino, che cresce mangiando la crema alle nocciole spalmata sul pane.

– amanti del cioccolato per antonomasia –, e i francesi, che vantano un consumo di circa 1 kg l'anno procapite. L'Italia si rifà su base famigliare: tre su quattro famiglie hanno nella loro dispensa il vasetto di crema alle nocciole, il 50 per cento in più di quelle francesi o tedesche.

La modernità di Nutella, però, non sta nel suo attuale primato planetario. Accade a molti marchi industriali nell'era della globalizzazione. Perché, attorno a una crema di cacao e nocciole, si è sviluppato un tale fenomeno di massa, passato indenne attraverso diverse generazioni, che ora si sta "spalmando", dal cuore della vecchia Europa, a tutto il mondo? Uno dei segreti sta nell'integrità dell'immagine con la quale si è tramandata fino a noi: forma del vasetto, etichetta, nome, *lettering* del marchio sono da sempre del tutto identici e costituiscono una sorta di caratteristica del prodotto.

Il canadese Marshall McLuhan, nel suo libro *Gli strumenti del comunicare*, che lo rese famoso in tutto mondo come il primo studioso dei moderni mezzi di comunicazione di massa, sostiene che i media siano una sorta di estensione dei sensi dell'uomo, a prescindere dal fatto che abbiano o no un "contenuto". Nasce da questa analisi la famosa affermazione – «il medium è il messaggio» – con la quale incomincia il suo volume.

Poiché McLuhan è convinto che le materie prime di una comunità siano insieme merci e media, si potrebbe applicare tale teoria anche alla Nutella. Simbolo generazionale, portatore di valori, immagine per trasmettere altri concetti, il barattolo di crema alle nocciole ha sì utilizzato tutti i media, soprattutto la tv, per spalmare il suo messaggio sulla terra, ma è stato anche usato dai mezzi di comunicazione.

Tag für Tag:
„guten Morgen Nutella“
Was gesunde, muntere Kinder so an einem Tag laufen, springen, kraxeln und turnen ... aber auch denken und Neues erfassen, ist wirklich erstaunlich.
Ernährungsbewußte Mütter bieten daher ihren Kindern täglich das grundgesunde Nutella-Frühstück. Das ergiebige Glas reicht für eine lange Reihe köstlicher Nutella-Brote.
Nutella schenkt mit seinem Reichtum an lebenswichtigen Eiweißstoffen aus Milch und in südlicher Sonne gereiften Haselnüssen Energie und Ausdauer für den ganzen Tag. Für heute. Für morgen. Für übermorgen ...
Daß Nutella mit seinem delikaten Haselnußgeschmack Kindern ganz besonders gut schmeckt, macht es der sorgenden Mutter nur zusätzlich leichter.
Also ab heute: „Guten Morgen, Nutella ...“
nutella
aufs Brot
NUSS NUGAT CREME
Nutella enthält Proteine, Spurenelemente, Kalzium usw.
für heute -
für morgen -
für übermorgen

in trionfo anche nutella
Ed è giusto che sia così perchè per vincere ci vuole anche un buon "allenatore". E loro si allenano tutti i giorni con Nutella. Nutella è la loro carica di energia quotidiana.
Vuoi che sia il primo, dagli Nutella
nutella
nutella
Lire 400
FERRERO
...ma che sia proprio Nutella
FERRERO

Nella pagina a fronte: l'energia contenuta in un vasetto di crema da spalmare è indicata per chi fa sport; con questo concetto negli anni Settanta e Ottanta si sviluppano diverse campagne stampa e spot televisivi, non soltanto in Italia.

Ormai è diventata un prodotto conosciuto in tutto il mondo. I bambini sanno dire: «*I like Nutella; Ich liebe Nutella; J'aime Nutella; Me gusta Nutella…*»

nutella
FERRERO
LATTE SCREMATO
CHAMPIONS LEAGUE
E. COMENCINI 99

A partire dagli anni Ottanta e Novanta, il vasetto ispira artisti e scrittori. Nella pagina a fronte: un acquarello realizzato dal pittore ligure Eugenio Comencini nel 1999, per il libro *Gnam* (come il disegno di pag. 4). Qui a fianco, un'immagine per un Nutella Party che accoglie gli anni Duemila.

Il cinema Fu Nanni Moretti nel 1984 a dare il via alla celebrazione, con il suo film *Bianca*. In quel film rimasto nell'immaginario collettivo di una generazione, prima si cita la torta Sacher, con la frase-tormentone: «Continuiamo così, facciamoci del male». Poi raccontando la storia d'amore del professor Michele Apicella (lo stesso Moretti) con la sua collega Bianca (Laura Morante), dopo la notte passata insieme, il docente dalle mille fobie si trova a mangiare, nudo, alcune grandi fette di pane cosparse di crema da spalmare attinta da un enorme vasetto. Ovvero il vasettone come cura ideale per le ansie del quotidiano. Come commentò il mass-mediologo Alberto Abruzzese, la Nutella per il regista è «piacere, nutrimento, forma morbida e mediterranea», mentre «il dolce viennese è rigido e mitteleuropeo». Dopo quella citazione, il cinema ha dedicato ancora la sua attenzione al barattolo del desiderio: dalla regista Katia von Garnier in *Abgeshminkté* (*Donne senza trucco* in Italia), ad *Abbronzatissimi* (1991) – con Jerry Calà alla conquista di Alba Parietti con un vasetto di Nutella – a *I laureati* (1995) di Leonardo Pieraccioni: famosa la battuta «Che vogliamo fare, stare tutta la vita a rimpiangere la Nutella?».

Il teatro Un autore "alternativo", che oggi lavora con Fiorello e scrive i testi per i suoi spettacoli, ha contribuito a rendere sempre più inossidabile l'icona: Riccardo Cassini, attore di cabaret scoperto da Maurizio Costanzo, arrivato alla notorietà grazie a un libretto da mille lire edito da Comix Panini. Conteneva le sue parodie in latino maccheronico recitate in teatro e in tv: con quel volume nel 1993 sfondò il tetto delle 300 mila copie vendute. Titolo: *Nutella Nutellae*. Non erano mancate altre interpretazioni artistiche, sul palcoscenico, fin dal 1991: prima con *Nutella amara* della Società per Attori al teatro della Cometa di Roma, interpretata e scritta da Corrado Guzzanti, e poi nel 1993 con *Una voce quasi umana*, prodotta dalla Fondazione Sipario Toscana e con l'interpretazione di Sonia Grassi.

La musica In più di quarant'anni sono tanti i brani musicali dedicati al barattolo, mentre molti cantautori italiani – da Gianni Morandi a Gianluca Grignani e Giorgia – hanno confessato di avere una passione per Nutella. Negli anni Novanta a Firenze nacque addirittura un gruppo

A sinistra, la celebrazione dei trent'anni di Nutella in Francia nel 1996 con la mostra *Génération Nutella*, svoltasi al Carrousel du Louvre.

Nella pagina a fronte, l'artista torinese Silvano Costanzo accanto alla sua opera intitolata *Nutpop 2004*, realizzata per i quarant'anni di Nutella festeggiati nel 2004 in Italia.

rock underground che si chiamava *Susy likes Nutella*, del quale si trovano ancora le tracce su YouTube. Si sono persi invece i contatti con il gruppo sperimentale inglese Anesthesia, che nel 1997 inserì il brano *Nutella Toasted* nell'album P.V.C. dell'etichetta Blue Room. Molto cliccata sulla rete, ancora oggi è una chicca di Ivan Graziani, con la partecipazione di Renato Zero, del 1995: la canzone s'intitola *La Nutella di tua sorella*. Ironica e piacevole, invita a usare la crema spalmabile come alternativa alla droga.

In quello stesso anno, un altro cantautore italiano, l'indimenticabile Giorgio Gaber, la prendeva a termine di paragone nella sua canzone *Destra-Sinistra*: «Io direi che il culatello è di destra, la mortadella è di sinistra. Se la cioccolata svizzera è di destra, la Nutella è ancora di sinistra». Tra gli omaggi musicali più recenti, nel 2004 vi fu quello del noto anchorman televisivo Francesco Facchinetti, il conduttore di X-Factor, trasmissione di sfide tra cantanti, che si presentò al Festival di Sanremo con *Era bellissimo*. Nel testo si cita «il mio vasetto pieno di Nutella» come spunto per descrivere la ragazza amata. E qualche anno dopo il connubio amore-vasetto torna in modo prepotente in altri due brani di giovani cantanti. Il trentenne milanese Nicolò Cavalchini vi dedica il suo singolo, uscito nel 2008, intitolato *Vorrei mangiar la Nutella*, in cui racconta che vorrebbe farsi un barattolo con la sua amata e tutto il giorno «mangiar solo quella». Un brano che per qualche settimana è stato tra i primi dieci scaricati su iTunes in Italia e ascoltatissimo anche in America Latina.

Episodi che confermano come la crema Ferrero sia una sorta di madeleine giovanile del XXI secolo: compagna sempre presente nelle gioie e nelle delusioni. Il neomelodico napoletano Rosario Miraggio, poco più che ventenne, sempre nel 2008 pubblicò un album che lo fece conoscere a una platea non soltanto partenopea: *Prendere o lasciare*. Tra i pezzi più famosi, *Cchiù doce da' Nutella*, più dolce della Nutella: un inno d'amore per una bella «guagliona» da sposare. Infine, c'è persino un'opera da camera: scritta dal maestro cuneese Antonello Lerda, s'intitola *Nutellam Cantata* e prende spunto dal secondo libro di Riccardo Cassini. Ha vinto il secondo pre-

mio del Concorso nazionale di composizione di La Spezia, nel 2001, ed è stata rappresentata con un'orchestra di quindici elementi e la partecipazione di un mezzosoprano, di un soprano e di un baritono. Una via di mezzo tra Kurt Weill e Stravinskij, un inno inimitabile e giocoso.

L'arte Il primo a capire che un prodotto industriale di massa poteva costituire lo spunto per un'opera d'arte fu Andy Warhol nel 1962, quando espose il suo famoso *Big Campbell's Soup Can, 19 cent*: quella tecnica della riproduzione solarizzata a colori è stata ripresa anche da Ferrero France nel 2003 per una campagna di educazione alimentare. Nel 1991 un gruppo di artisti italiani, influenzati dalla Pop Art, creò il gruppo Mistiche Nutelle: fecero la loro prima mostra a Ferrara, al Palazzo dei Diamanti, e poi altre a Bologna, ancora nel 2008 con «Sì logo». Oscar Baccilieri, Vittorio Brocadello, Mauro Luccarini, Maurizio Mantovi e Adriano Tetti volevano rappresentare «il mistico nell'arte, che si unisce al bisogno di tornare bambini». Di loro si occuparono il semiologo Omar Calabrese e il critico Achille Bonito Oliva. La consacrazione artistica ufficiale si ebbe al Carrousel du Louvre di Parigi, dal 16 giugno 1996, con la mostra *Génération Nutella*: in essa furono raccolte le opere-faro che dal 1996 avevano contribuito alla formazione dei trentenni di allora. Vi parteciparono molti artisti francesi importanti: tra gli altri, Philippe Découflé, Frank Margerin, Toni Vighetto e la Compagnie Guitoune, che presentò l'ironica *Machine à tartiner*.
Altri pittori italiani hanno elevato Nutella a loro musa. Tra questi, l'artista ligure Eugenio Comencini, nel 1999 attuò una moltiplicazione grafica del barattolo. *Roxy in the Box* (la napoletana Rosaria Bosso) presentò il suo provocatorio *Femmenella* ad Artissima 2003. E il piemontese Silvano Costanzo in *Nutpop 2004*, nell'ambito della sua ricerca sui codici comunicativi, analizza il passaggio da un linguaggio visivo a un linguaggio occulto: sono due acrilici su tela caratterizzati dai toni del porpora scuro.

La letteratura Simbolo generazionale, portatore di valori, immagine per trasmettere altri concetti, Nutella è stata usata dagli scrittori per descrivere una sensazione, un ricordo, un'atmosfera. In queste pagine, una piccola antologia delle più significative citazioni.

Riccardo Cassini: *Nutella Nutellae* (1993). Il primo libro che fa entrare nel mito il barattolo, usando la tecnica della parodia con il latino maccheronico.

> ***Nutella omnia divisa est in partes tres. Unum: Nutella in vaschetta plasticae. Duum: Nutella in vitreis bicchieribus custodita. Treum: Nutella sita in magno barattolo (magno barattolo sì, sed melium est si magno Nutella in barattolo).***

Il piccolo libro della Nutella (2000). Con nuovi funambolismi verbali l'autore si diverte a rappresentare l'oggetto del desiderio parodiando famose canzoni o rime dantesche, come nella "Divina Nutella":

> ***Nel mezzo del cammin della mia vita***
> ***Mi ritrovai con questa crema oscura,***
> ***che rosetta mia ne fu riempita.***

Giuseppe Culicchia: *Tutti giù per terra* (1994). Dall'autobiografia di Walter, il giovane disoccupato che si trascina svogliatamente tra l'università e un centro di assistenza.

> ***Avrei lavorato sino alla vecchiaia e il giorno della pensione mi sarei accorto di essere malato di cancro. Ero proprio depresso. Misi su*** **Problems** ***dei Sex Pistols e andai in cucina a caccia della Nutella.***

Brucia la città (2009). Gli eroi di una Torino tanto improbabile da poter essere reale, in notti senza ideali raccontate con un ritmo indiavolato.

[...] e un barattolo di Nutella e un blister ormai privo di pillole contraccettive e un iPod nano fucsia e un tubetto di Smarties e di nuovo calzature di ogni tinta e materiale e foggia, Prada, Miu Miu, Manolo Blahnik, Converse, Nike, Blundstone, Camper. In un angolo c'era anche un tanga di pizzo rosa La Perla, e insomma: sembrava un appartamento reduce da una perquisizione della Digos.

Gianni Farinetti: *L'isola che brucia* (1997). Nel giallo ambientato tra l'isola di Stromboli, che lo scrittore ama moltissimo, e le Langhe, emerge un ironico ritratto di due donne.

Maria Grazia, signorile, prende dal vassoio una banana di interessanti proporzioni. La impugna mostrandola a un pubblico inesistente: «A noi invece non dispiace per niente...». Ornella adesso ride largo, con la bocca piena di Nutella.

Jacopo Fo. *Ti amo, ma il tuo braccio destro mi fa schifo, tagliatelo* (1998). Il figlio del premio Nobel per la letteratura racconta un approccio erotico giovanile.

Mi piaceva soprattutto questo discorso del «io mangio te e tu mangi me» e un giorno, approfittando che i genitori di lei erano partiti per il week end, prendo un barattolo di Nutella e mi cospargo tutto il corpo. Poi le passo il barattolo... rientrano i suoi genitori!!! Dovetti riinfilarmi i vestiti senza potermi togliere la Nutella, che è una cosa anche tecnicamente difficile perché non c'è la scivolosità, ti si appiccica tutto addosso. Insomma, una cosa complessa.

Andrea Lee. *Colpa, politica ed eros in un vasetto* (1995). La famosa scrittrice americana, che da anni vive in Italia, pubblica un articolo per la rivista "New Yorker" con l'intento di far conoscere Nutella ai suoi concittadini.

Definire la Nutella – pronuncia Noo-tella – come una crema di cacao e nocciole in vasetto è come dire che il David di Michelangelo è un grande blocco di marmo scolpito. Come tutte le creazioni dell'ingegno, la Nutella possiede uno spirito inanimato che trascende i suoi componenti fisici.

Justine Lévy: *Incontro* (1995). È un romanzo della figlia dell'illustre filosofo parigino Bernard-Henry Lévy. Nel monologo si legge di un tentato (e non riuscito) suicidio.

> ***Delusa o forse sollevata – e se fossero state soltanto vitamine? – mi misi a vagare per la casa, mi feci un panino con la Nutella, misi un disco, rovistai nel cassetto dei gioielli. Mi provai un rossetto, una cipria, mi misi le ciglia finte, ma a un occhio solo perché mi sembrava più chic. Dopo un po' quando sentii una strana stanchezza che mi intorpidiva prima la punta delle dita, poi le gambe, andai a sdraiarmi sul letto della mamma.***

Margaret Mazzantini: *Venuto al mondo* (2008). Nel romanzo dedicato a una guerra dimenticata, quella della Jugoslavia, la scrittrice racconta il viaggio a Sarajevo di Gemma, sulle tracce del suo amore con Diego durante l'assedio del 1992. Ecco il dialogo con il figlio Pietro, quando vuole convincerlo a partire con lei.

> ***«Ti devo parlare».***
> ***Si alza di botto, il torso nudo dritto sul letto.***
>
> ***«C'ho fame».***
> ***Così gli parlo in cucina, mentre spalma Nutella sui biscotti. Si prepara piccoli panini che inghiotte con un solo boccone.***
> ***Ha la bocca sporca, ha riempito il tavolo di briciole, ha aperto male i biscotti, ha strappato il pacco fino in fondo.***
> ***Non dico niente, non posso rimproverarlo di continuo.***
> ***Assisto in silenzio al banchetto di mio figlio, poi gli dico del viaggio.***
> ***Scuote la testa.***
> ***«Non se ne parla nemmeno, ma', ci vai da sola...»,***
> ***«Guarda che Sarajevo è una città bellissima...».***

Sebastiano Mondadori: *Un anno fa domani* (2009). Il protagonista del romanzo, Vittorio, riesce a strappare la donna che poi diventerà sua moglie, Teresa, al docente universitario con il quale aveva appena dato un esame. I due studenti si appartano una sera a casa del professore, ma lui rientra in anticipo e li trova a letto. A quel punto capisce che la sua relazione-convivenza con Teresa è finita. Così dà qualche consiglio a Vittorio, nudo in camera sua, su come comportarsi per incominciare un rapporto duraturo con lei.

> ***«In un'altra occasione mi sarebbe stato simpatico. E siccome mio figlio oggi avrebbe avuto più o meno la sua età, le darò un consiglio. Si ricordi sempre di tenere in casa un barattolo di Nutella e almeno due tavolette di cioccolato con le nocciole, meglio se Novi ma va bene anche la Lindt».***

Margherita Oggero. *L'amica americana* (2005). La professoressa Baudino, protagonista di una fortunata serie di gialli della scrittrice torinese, ha un amico clochard, battezzato l'Indistruttibile, che ama soprattutto una colazione.

> ***«Indistruttibile!», gli gridò dietro lei, «ti va un cappuccino al bar?».***
> ***Lui si voltò, strizzò gli occhi, la riconobbe e si fermò. Non c'era stato nessun tamponamento e nessuno lo inseguiva.***
> ***«Cappuccino e croissant con la Nutella, offri tu».***

Fabio Volo. *Esco a fare due passi* (2001). In realtà lo scrittore, conduttore tv e attore si chiama Fabio Bonetti, ma è conosciuto con il suo nome d'arte. Sa intercettare i sentimenti dei giovani d'oggi, come nel suo romanzo in cui racconta la sindrome di Peter Pan che ha colpito un dj radiofonico.

> ***Lei era entrata in quella parte del cuore dove ci sono le cose più buone, quella simile a una credenza dei dolci dove c'è la Nutella, i biscotti, le merendine, la marmellata; quell'angolo di cuore dove quando uno ci entra, succeda quel che succeda, da lì non uscirà mai. Non c'entra l'amore. Ci sono persone che da quando le conosci non smetti mai di volergli bene.***

Molte le interpretazioni del mito sul web: a sinistra in alto, la *Nutellisa* realizzata da un blogger turco sul suo sito Cafe Fernando e, in basso, il Nutella Day lanciato da Sara Rosso e Michelle Fabio.

Sopra e nella pagina a fronte, in alto: le homepage dei siti ufficiali per i fan di Nutella: prima MyNutella, poi NutellaVille e una pagina del sito istituzionale dedicata alla *Good Morning Philosophy*; in basso, i siti istituzionali in Cina, Australia e Stati Uniti.

Internut C'è un gruppo francese su Facebook che si chiama *Le Début du pot de Nutella*, l'apertura del vasetto di Nutella. Vi sono iscritti in centinaia di migliaia: amano quel momento irripetibile in cui «la lama del coltello (e non il cucchiaino!) affonda nella crema ancora intatta». È uno dei tanti gruppi spontanei nati in rete per celebrare la crema alle nocciole. Ma non mancano anche le pagine ufficiali. Come quella aperta nell'aprile del 2010 da Ferrero Italia, che in pochi mesi di presenza sul social network più popolare del Bel Paese ha già superato il milione e cinquecentomila aderenti. Alla richiesta di un ricordo del primo assaggio della mitica crema, le risposte sono da estasi mistica. Marianna: «Siamo cresciuti tutti a pane e Nutella e se si è nervosi, sotto stress, o depressi, il pane e Nutella è l'arma vincente, io ancora la mangio in compagnia dei miei nipoti».
Ilenia: «La prima volta era a casa di mia nonna, avevo quattro anni». Francesca: «Come si fa a ricordare dove e quando si è mangiata per la prima volta? Nutella c'è sempre stata... è parte di noi». Filippo: «Ricordo... si vendeva a peso nelle scatole di latta e veniva messa in carta oleata: un sapore indimenticabile, mitici Anni Sessanta...». Umberto: «Ogni volta che affondo il mio cucchiaino nel barattolo di Nutella è come se fosse il primo. Solo che il cucchiaino è cresciuto!». Lory: «Ero piccola piccola, so che mia mamma la nascondeva; io mi arrampicavo sulla cucina per trovarla... e ci riuscivo sempre!».
Questa la *mission* annunciata: «Benvenuto nella Fan Page italiana ufficiale di Nutella. Questa pagina è dedicata alla buona colazione. Se "alzarsi con il piede giusto" e con Nutella è il tuo motto, resta con noi, non te ne pentirai». Certifica un cambio della strategia rivolta ai nuovi media da parte dell'azienda, che dopo l'esperienza dei siti www.nutella.it (aperto nel 2001 in Italia e poi a seguire negli altri Paesi), nel 2003 aveva avviato la community MyNutella (www.mynutella.it), alla quale ci si doveva iscrivere per avere un proprio mini-blog e chattare con gli altri nutellari.

A questo spazio su Internet ne è seguito un altro nel 2008, denominato NutellaVille, (www.nutellaville.it), un po' sul modello della *Second life*. Ma il web corre veloce e ormai la moda prevalente si rifà ai social network. Che sono difficilmente ingabbiabili: se si digita l'argomento Nutella su Twitter, compare un breve messaggio sul tema ogni pochi secondi, da parte dei milioni di utenti soprattutto anglosassoni, che cinguettano tutto il giorno. E nei blog le ricette casalinghe o i consigli più strani si sprecano.

Il Web ama la Nutella: è tra i brand più popolari al mondo. Su Facebook, per esempio, si trovano almeno quattro pagine Nutella con centinaia di migliaia di aderenti ciascuno: tre di queste sono spontanee. E tra i nomi delle pagine, vi sono infinite altre variazioni sul tema: Nutella si accompagna ora con le crêpes, ora è nei cornetti, oppure spalmata sul pancake, nel rotolo, con il pancarrè o addirittura si propone «l'omologazione come medicina riconosciuta dal servizio sanitario francese»; un totale di oltre tremila pagine.

La classifica fornita dal social network fondato da Mark Zuckerberg indica Nutella in ottime posizioni, tra i primi dieci marchi del mondo, insieme con la catena di caffè Starbucks, le caramelle Skittles, la Coca-Cola e la Red-Bull. Inoltre il barattolo dalla forma sinuosa è cliccato da milioni di utenti ogni giorno nelle decine di siti aziendali ufficiali di Ferrero o in quelli nati dall'amore degli appassionati. Le comunità di nutellari sfegatati si moltiplicano, si rincorrono, a volte pubblicano contenuti non proprio *politically correct*, ma contribuiscono a formare una *brand equity* positiva. Nel 2004 una statistica sul motore di ricerca di Internet già allora più diffuso – Google – dava 176 mila segnalazioni. Sei anni dopo si arriva a sei milioni di siti. E anche la Ferrero, giudicata da un sondaggio in 24 nazioni, ha un'ottima *corporate reputation*: si piazza al primo posto in Italia (giugno 2010, stilata da *Reputation Institute*, con Doxa); a livello internazionale, con Barilla, sono le uniche due aziende italiane tra le prime 28 al mondo.

Qui a fianco: il primo Nu-Day ufficiale si tenne in piazza San Carlo, a Torino, il 21 giugno 2008, fra colazione, merenda, brunch e concerti serali: fu coinvolta anche la Mole Antonelliana, a sinistra, simbolo della città.

Nella pagina a fronte: un montaggio di fotogrammi di uno spot dai toni magici, che ebbe molto successo, per il Natale del 2003.

Come spiega il linguaggio del marketing, il brand Nutella è «inclusivo», cioè tutti sentono che appartiene un po' a loro, mentre per altre merci di culto avviene esattamente l'opposto: si formano «tribù esclusive» attorno a un profumo o una motocicletta che gli altri non possono avere.

Salutista o onirica, razionale o emozionale, ormai in dieci anni questa sorta di rete "Internut" si è consolidata. Così infatti si potrebbe battezzare questo web, che rappresenta un grande richiamo per gruppi spontanei o per iniziative promozionali. Il 5 febbraio 2007 due ragazze americane che vivono in Italia e sono appassionate food-writer e fotografe – Sara Rosso e Michelle Fabio – lanciarono il loro primo World Nutella Day, che ogni anno raccoglie migliaia di adesioni. Per quell'occasione un food blogger turco molto noto attraverso il suo sito – Cafe Fernando – lanciò un'immagine divenuta popolare, basata su un ritratto del pittore Botero: la chiamò *Nutellisa*. E fu un successo planetario. Né Cenk Sonmezsoy, che scrive di cucina da Istanbul dopo aver studiato a San Francisco, né Sara né Michelle hanno nulla a che fare con l'azienda: lo fanno per passione, con slancio disinteressato, per amore di questo prodotto.

L'unica uscita ufficiale e organizzata di Nutella fu la festa a Torino del 21 giugno 2008, in piazza San Carlo e al Parco del Valentino, un "Nu-Day": colazione, brunch, merenda e canzoni con gli Aram Quartet di X Factor, Meg e Max Gazzè. Una giornata all'insegna «del buonumore, del relax e della positività», con il salotto di Torino trasformato in una sorta di giardino da *Déjeuner sur l'herbe*. E pensare che nel 2000 tutto era cominciato con Gnutella, il protocollo per condividere i file musicali lanciato da due ragazzi californiani, con un nome ispirato alla loro crema da spalmare favorita e a Gnu, la suite di software gratuiti per il sistema operativo Unix. Un passa-parola sul web che fu aiutato senza dubbio dal nome magico, grazie al quale sconfisse anche il colosso Napster. Poi Justin Frankel e Tom Pepper capirono che non potevano sfidare il gruppo dolciario imitandone il marchio e in questo modo evitarono pesanti attacchi legali. Ora quel sistema *peer-to-peer*, come si definisce, è un po' desueto. Ma fu il primo modo per spalmare sui computer di mezzo mondo le canzoni in mp3. Gratis.

nutella
Periodo promozionale 01/11/2003 - 29/02/2004. Valore montepremi 300.000,00 €
Regolamento completo su www.nutella.it e sulle cartoline promozionali
nutella
Che mondo sarebbe senza Nutella®
Regolamento completo su www.nutella.it e sulle cartoline promozionali

A sinistra: gli impianti della Ferrero Usa, a Somerset, in New Jersey, dove per qualche anno si è anche prodotta la Nutella.

Nella pagina a fronte: una delle pubblicità della campagna stampa lanciata nel 2009 in tutti gli Stati Uniti, e l'articolo comparso sulla prima pagina dell'«Herald Tribune» nel dicembre 2004.

Una crema a stelle e strisce Sabrina, Tyler, Arianna, Ashley, George, Jesse, Massimiliano, Tiziano... sono le firme di alcuni bambini, dai 7 ai 17 anni, impresse sul diploma di «microfono d'oro» rilasciatomi il 23 ottobre 2006 presso l'Istituto Italiano di cultura a New York, sulla Broadway. In quell'occasione incontrai i ragazzi allievi dei corsi di italiano dello Iace, l'*Italian American Committee on Education*, nell'ambito del progetto «giornalista per un giorno». Qualche giorno dopo un articolo sul quotidiano newyorkese in italiano «America Oggi» pubblicò il rendiconto della conferenza di uno scrittore che aveva dedicato addirittura un libro alla Nutella, tra lo stupore del giovane pubblico americano. Se Sabrina confessò che a casa mangiava la Nutella sul pane non lievitato perché ebrea, altri mi mostrarono coloratissimi disegni in cui si descriveva la carta d'identità di quel prodotto: segno zodiacale, ariete, essendo nata il 20 aprile; genitori: «papà Gianduiot» e «mamma Supercrema».

Due anni prima l'«Herald Tribune», il quotidiano americano per l'Europa edito a Parigi, citandomi come il «più importante *Nutellologist* italiano» si era invece occupato degli aspetti culturali e politici del prodotto. Il giornale in prima pagina scrisse che non aveva senso affermare che «la Nutella è di sinistra e il cioccolato svizzero di destra». A conforto di questa tesi bipartisan, citava anche Cinzia Scaffidi di Slow Food, secondo la quale si tratta di un prodotto «glocal». Ed è anche interclassista, perché come la pasta è consumata da esponenti di ogni livello sociale, «dai proletari ai principi». Nessuno l'ha mai presa a bersaglio di proteste contro la globalizzazione o contro lo strapotere delle multinazionali. «Tutte le generazioni – scrisse ancora il quotidiano riportando l'opi-

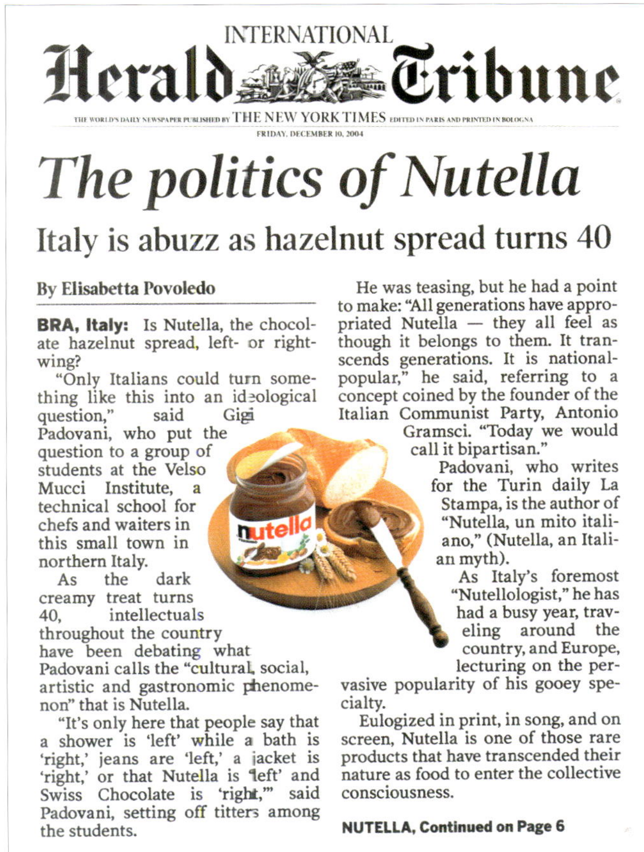

INTERNATIONAL Herald Tribune

THE WORLD'S DAILY NEWSPAPER PUBLISHED BY THE NEW YORK TIMES EDITED IN PARIS AND PRINTED IN BOLOGNA

FRIDAY, DECEMBER 10, 2004

The politics of Nutella

Italy is abuzz as hazelnut spread turns 40

By Elisabetta Povoledo

BRA, Italy: Is Nutella, the chocolate hazelnut spread, left- or right-wing?

"Only Italians could turn something like this into an ideological question," said Gigi Padovani, who put the question to a group of students at the Velso Mucci Institute, a technical school for chefs and waiters in this small town in northern Italy.

As the dark creamy treat turns 40, intellectuals throughout the country have been debating what Padovani calls the "cultural, social, artistic and gastronomic phenomenon" that is Nutella.

"It's only here that people say that a shower is 'left' while a bath is 'right,' jeans are 'left,' a jacket is 'right,' or that Nutella is 'left' and Swiss Chocolate is 'right,'" said Padovani, setting off titters among the students.

He was teasing, but he had a point to make: "All generations have appropriated Nutella — they all feel as though it belongs to them. It transcends generations. It is national-popular," he said, referring to a concept coined by the founder of the Italian Communist Party, Antonio Gramsci. "Today we would call it bipartisan."

Padovani, who writes for the Turin daily La Stampa, is the author of "Nutella, un mito italiano," (Nutella, an Italian myth).

As Italy's foremost "Nutellologist," he has had a busy year, traveling around the country, and Europe, lecturing on the pervasive popularity of his gooey specialty.

Eulogized in print, in song, and on screen, Nutella is one of those rare products that have transcended their nature as food to enter the collective consciousness.

NUTELLA, Continued on Page 6

nione dell'esperto bocconiano Sandro Castaldo – si sono appropriate della Nutella, grazie anche a un marketing geniale, che già dieci anni dopo l'uscita del prodotto lo accreditava come alimento favorito dalle madri della generazione precedente». La conclusione fu questa: la Nutella è nazional-popolare. O meglio ancora, rappresenta un'ideologia a sé stante: quella del buonismo, «tendenza italiana ad avvolgere tutto in qualcosa di dolce, che serve anche a nasconderne le difficoltà». «Questa – concludeva il quotidiano in lingua inglese, nell'articolo di prima pagina del 10 dicembre 2004 – è l'essenza dell'italianità: bontà che si spalma».

Agli americani, grazie anche agli articoli della scrittrice Andrea Lee, non sono mancate dunque le occasioni di conoscere Nutella. Va ricordato però che – nel successo straordinario dell'*Italian food* nel mondo – Nutella non ha goduto della popolarità di un Parmigiano Reggiano o di un culatello, questo perché i francesi la sentono francese, i tedeschi sono convinti sia "made in Germany", i belgi la immaginano originaria delle Fiandre o dei Valloni. Negli Stati Uniti è presente da vent'anni, ma come prodotto di nicchia: viene vissuta dai consumatori in modo piuttosto diverso da quelli europei. Conosciuta nei campus studenteschi, apprezzata dai gourmet, la crema alle nocciole sfida il *peanut butter* dal 1985. Per molto tempo è stata soltanto un piccolo lusso importato dall'Europa.

Ma ultimamente le cose sono cambiate. Perché è iniziata una piccola produzione di vasetti Nutella nello stabilimento di Somerset, nel New Jersey, non lontano dall'aeroporto di Newark, cove ha ancora sede l'headquarter statunitense di Ferrero. Poi gli impianti, dall'ottobre 2006, si sono trasferiti in Canada, nella regione dell'On-

THE NEW YORKER

THE TALK OF THE TOWN

FROM ITALY: GUILT, POLITICS, AND EROS IN A JAR

It's time Americans took a good, hard look at Nutella. Not many of us are familiar with this singular Italian food product, which could be the means of liberating ourselves from an inferiority complex that has dogged us for at least the last twenty years—a complex based on the tormenting belief that all Italian food is healthier and more natural than the corrupt, mass-produced American alternative. We tend to envision Italians at meals as being gathered in pastoral family groups around vast alfresco tables in the shade of millennial olive trees, scarfing down handmade pasta, sun-dried tomatoes, ripe figs, buffalo mozzarella, and other salubrious dainties that suggest centuries-old peasant ties to the fecund Mediterranean soil. Instead, the average Italian is just as likely to be found indoors in front of a Berlusconi-televised tap-dancing girlie spectacular, devouring Nutella, one of the world's great junk foods and a substance just as fresh from the factory as a brand-new Fiat.

To take the crude step of defining Nutella—pronounced "noo-tella"—as a gooey hazelnut-and-chocolate spread that comes in a jar is a bit like describing the David of Michelangelo as a large carved piece of marble. Like any inspired creation, Nutella has an animating spirit that takes it beyond its physical components. Shamelessly sweet but not too sweet, more unctuous than peanut butter but with the same curiously sexy capacity for gluing the jaws together, and intensely chocolate-flavored but with a peculiar pillowy mildness that appeals to regressive urges, it is made to be spread on bread but more often ends up being eaten in hasty spoonfuls straight from the jar. It costs little, and tastes better than most of the decadent desserts that posh restaurants baptize with names like Quadruple Chocolate Ganache in a Coulis of Fresh Madagascar Cacao Bean Purée. Though Nutella is marketed as a snack for children, everyone knows that it's packed with more sugar and fat per ounce than Oprah Winfrey on an ice-cream binge. It's naughty and it's addictive, as its popularity inside and outside Italy attests. Millions of jars of Nutella are sold in Europe, Japan, and parts of South America every year; it has become chic in Paris sidewalk cafés and is even rumored to have been glimpsed in Kenya.

To Italians, Nutella has become a cult. Developed after the Second World War as an industrial version of a traditional homemade chocolate-hazelnut delicacy called *gianduja*, the spread appealed to the hunger for cheap sweets in the lean postwar years, when bread and chocolate was a treat that children dreamed of. The increasing national love for Nutella kept pace with Italy's four-decade journey from poverty to world industrial power. Everybody under fifty seems to have childhood Nutella memories of blissful after-school snacks, of midnight raids on the kitchen nooks where Mamma hid the jar. Everybody's ex-spouse seems to have become Nutella-dependent during the low point of the marriage. Recently, innumerable famous personages, among them the singer Gianni Morandi, have publicly confessed their addiction. In 1993, a journalist in *La Stampa* wrote of Nutella, "A devouring passion. Uncontrollable. It has struck heads of state, bewitched artists, seduced poets. The love for Nutella is inexplicable, it just is. . . . More than a food, it is a category of the spirit, a state of superior perception." When, in the same year, a young satirist published a comic pamphlet eulogizing Nutella in Spanish, English, French, and Latin (excerpt: "*Nutella omnia divisa est in partes tres*"), the work sold a hundred and fifty thousand copies in three months.

Like any squashy chocolate food with infantile associations, Nutella is obliquely linked not only to guilt but to Eros. The erotic factor came fully out of the closet this past Christmas, when the New Open Gate, the most fashionable club in Rome, put on an Il Primo Nutella Party, featuring hundreds of jars and an eight-metre baguette slathered with the stuff. In the course of what was described as an extraordinarily successful evening, guests spread it on their partners and licked it off.

The Nutella party was sponsored by a local branch of Forza Italia, the political organization of then Prime Minister Silvio Berlusconi. Only a few days later, Berlusconi resigned. Coincidence? Pundits will no doubt argue for years over the extent of the occult role of a chocolate spread in the tempestuous fortunes of fin-de-siècle Italian governments, but one thing is certain: ever in tune with the Italian soul, Nutella in the nineties has become publicly associated with the newly powerful right-wing establishment. In an article discussing the political implications of the Nutella party—entitled "WHAT COLOR IS NUTELLA?"—the weekly news magazine *Panorama* quoted Teodoro Buontempo, a notorious hard-liner of the ultraconservative National Alliance: "Nutella is definitely right wing. With its solidity, it gives an idea of well-being; yet it is also fluid, it strikes the imagination."

However, in the same article a centrist-minded spokesman for Forza Italia declared soothingly that in mixing images of traditional family values with the low-priced mass consumption valued by the left, Nutella represents a future ideologically united Italy—presumably an Italy in which the lion lies down with the lamb and everyone licks his neighbor.

What should the United States' position on Nutella be? The first appropriate response for sensible Americans is a sigh of relief and an abandonment of all those complexes we have about the Mediterranean diet. The second should be to demand from our leaders immediate mass Nutella importation and distribution. Some jars have been sighted in supermarkets across the country, but not nearly enough for these unsettled times. There is no reason that New World citizens should not look to the Old World for solutions. After all, it was a proto-Italian commentator who came up with one of the earliest and best suggestions for keeping a nation happy. Instead of bread and circuses, we can easily make do with bread and chocolate.

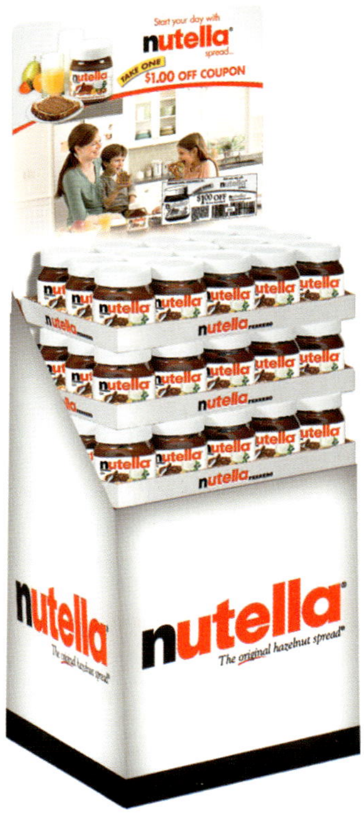

A sinistra: l'articolo di Andrea Lee pubblicato dalla prestigiosa rivista "The New Yorker", nel 1995, fece scoprire la Nutella agli americani.

Qui a fianco: un espositore per i vasetti destinato ai supermercati statunitensi: ormai dal 2008 il prodotto si trova in tutto il Paese.

Nella pagina a fronte: un'interpretazione del tema secondo lo stile di Andy Warhol; è tratta da una pubblicità di Ferrero France del 2003.

tario, nella città di Brantford, di quasi centomila abitanti, fondata da Joseph Brant, un indiano nativo. Il gruppo Ferrero vi ha fatto un investimento importante, persino inusuale rispetto alla politica dei piccoli passi finora seguita soprattutto all'estero: ciò significa che vuole portare Nutella, Tic Tac e Rocher su tutto il mercato Nafta (Canada, Usa, Messico).

L'iniziale passa-parola è nato dai molti giovani soldati americani di stanza in Europa che hanno incominciato ad apprezzare Nutella a colazione e tornando in patria la stanno diffondendo negli States. Nel 2009 è partita anche una campagna pubblicitaria in grande stile, con inserzioni sui *magazine* e spot televisivi per far capire alle massaie che non è soltanto "cioccolato da topping", da decorazione, ma alimento *quick and easy* da dare ai bambini prima di uscire da casa, ottimo sul buon pane bianco americano.

Durante il nostro tour americano, con Clara, gli chef di questo libro si sono simpaticamente resi disponibili a elaborare ricette con Nutella. Alcuni di loro già avevano in carta piatti con la crema alle nocciole. E c'è chi ha risposto: «Nutella? Ma certo, mio figlio ne fa andare un barattolo alla settimana...».

nutella
FERRERO
PATE A TARTINER AUX NOISETTES

nutella
nutella
nutella
nutella
nutella
nutella

nutella

LETTERE IN BARATTOLO

DIZIONARIO DI CURIOSITÀ E PERSONAGGI

di Gigi Padovani

A

ALBA

È l'ora che anticipa il sorgere del sole, ma anche il nome di un'antica città nel Sud Piemonte a 60 km da Torino, nota per il suo tartufo bianco e per aver dato i natali a Nutella. Sulle sue torri medievali aleggia un inebriante profumo di cacao e di nocciole tostate. Nel centro storico (**in basso, uno scorcio della Cattedrale**) c'è ancora il piccolo cortile, dove si affacciava il laboratorio aperto nel 1945 dal pasticciere Pietro Ferrero. Il settimanale "Panorama", nel dicembre 2009, ha riportato una classifica sulla qualità della vita nelle città italiane, una sorta di "indice del benessere lordo", stilato dal Centro Studi Sintesi di Venezia: Alba si è piazzata al secondo posto, dopo Brunico. Che sia l'aria alla Nutella a rendere tutti più felici?

ALLEVI

Giovanni: il giovane compositore di musica classica più famoso d'Italia si regala una colazione speciale, quando è in giro per concerti, come spiega a Giancarlo Dotto: «Mi sono concesso come premio la Nutella» («La Stampa», 27 luglio 2009).

B

BANYULS

È un vino dolce naturale francese della zona del Roussillon, quasi ai confini con la Spagna, che esalta le note aromatiche del cioccolato. Per Enzo Vizzari, direttore delle "Guide dell'Espresso" e noto gourmet, è un vino ottimo con Nutella, che secondo lui «è buona. Anzi, per i consumatori non bambini suggerisco di abbinarla a un bicchiere di Banyuls» («Messaggero» del 18 aprile 2004).

BERLUSCONI

Silvio: imprenditore, uomo politico, capo di governo: è uno degli italiani più conosciuti e ricchi al mondo. Il suo secondogenito Pier Silvio, nato nel 1969 dal primo matrimonio con Carla Dell'Oglio, al mensile "Men's Health" (novembre 2006) ha confessato le sue abitudini: si tiene in forma con attività fisica costante e «due o tre volte la settimana» si concede Nutella.

BELLUCCI/BINOCHE

Juliette Binoche, l'attrice francese che ha conquistato la fama internazionale con il film *Chocolat*, ha più volte ammesso: «Mangio la Nutella a cucchiaiate». Monica Bellucci, la bellissima attrice, da parte sua aveva dichiarato: «Adoro mangiare, il massimo del godimento è un panino col salame e subito dopo uno con la Nutella» («La Repubblica», 5 luglio 1994).

BLOB

In origine era un film americano (*The Blob*, 1958) con mostri viscidi, ormai in Italia indica una sequenza di immagini montate in rapida successione. È la tecnica sfruttata dalla trasmissione Rai ideata da Enrico Ghezzi e Marco Giusti che dal 1989 ogni giorno fustiga i protagonisti della tv. Ma è un termine coniato anche per rappresentare la Nutella dal semiologo Omar Calabrese, che l'ha definita un «blob buono».

BOCUSE

Paul: il cuoco francese e inventore della *nouvelle cuisine* ha confessato alla giornalista Fiammetta Fadda il suo peccato di gola: «Una madeleine appena uscita dal forno spalmata di Nutella» ("Panorama", marzo 2007).

C

CAROSELLO

Il 3 febbraio 1957 debuttò su Rai Uno questa trasmissione-cult, il primo contenitore televisivo destinato alla pubblicità. I personaggi di quegli sketch, per vent'anni (fino al primo gennaio 1977), hanno accompagnato le serate degli italiani, portando a letto i bambini. Nutella esordì in *Carosello* nel 1966, con i cartoni animati intitolati *Le Memorie di un diplomatico* dei fratelli Pagot.

COLAZIONE

Se all'inglese, prevede tè, pane tostato, burro, marmellata, uova fritte. Da quando Nutella è cittadina d'Europa, fa parte del rito mattutino di milioni di persone. Per i 40 anni del prodotto in Germania, in un grande palasport è stata preparata una colazione da Guiness dei primati: presso l'Arena Aufschalke di Gelsenkirchen (a 60 km da Dortmund) il 29 maggio 2005 hanno condiviso una colazione con Nutella in 27.854, battendo il precedente record tailandese del *breakfast* più affollato.

COROLLA

Vi piace intingere la frutta in Nutella? E perché allora non creare un vassoio circolare in plastica per rendere più facile questo abbinamento? Ci hanno pensato Isaac Piñero e Alessandro Stabile: con il loro progetto Corolla hanno vinto, nel dicembre 2008, il concorso di design indetto dalla rivista "Interni". I due giovani designer hanno elaborato il loro prototipo (**in basso**) presso la Scuola Politecnica di Design di Milano. Isaac ora lavora a Valencia con lo studio Nadadora. Al concorso hanno partecipato settanta progettisti di dieci scuole di design o università, di Milano, Torino, Venezia, Roma, Napoli e Palermo.

D

CORYLUS AVELLANA

È il nome scientifico della nocciola. Tostata e mescolata con il cacao, ci regala i migliori prodotti della pasticceria italiana. Il suo merito maggiore è di aver ispirato il nome di Nutella. Anche se in realtà è un toccasana per l'alimentazione. È infatti consigliata per chi ha problemi di colesterolo, perché porta naturalmente ad abbassarlo grazie all'acido oleico. Inoltre contiene grassi monoinsaturi, cioè "buoni" ed è il tipo di frutta secca che contiene la quantità maggiore di vitamine E.

CRÊPES

Queste frittatine a base di uova, farina e latte – dolci o salate – sono uno dei piatti nazionali francesi. Il 2 febbraio in Francia si celebra la *Chandeleur*, antica festa religiosa dedicata alla luce, in cui si benedicono le candele e si dà l'addio all'inverno. Per tradizione, si mangiano le *crêpes*, soprattutto alla Nutella: infatti è il giorno di maggior consumo della crema Ferrero. Anche in Italia la moda è in forte crescita, tanto che nel 2005 una delle più antiche aziende di produzione di casalinghi, la Ballarini (nata nel 1889) ha lanciato sul mercato una scatola dal nome *iLoveCookingCrêpes* (**in alto**) con all'interno un'apposita padella *crêpière*, uno spalmacrema, uno stendi-*crêpe* e... un vasetto di Nutella.

CUCCIARI

Geppi: la simpatica attrice sarda con ironia ha conquistato le platee dei teatri italiani con il suo spettacolo *Si vive una volta. Sola*: è andato in scena per la prima volta nel 2007 e la tournée non si ferma mai. La Cucciari, taglia 46 portata con disinvoltura in palcoscenico e in tv, nella sua pièce racconta il mondo di una donna in crisi, dai «tantissimi barattoli di Nutella e dai pochi appuntamenti con gli uomini».

DESIGN

Oltre che buona, è bella. E questo grazie al suo sinuoso vasetto, che continua a mietere successi. Infatti nell'aprile del 2006, al Salone del mobile di Milano, i designer Michelangelo Giombini, Matteo Migliorini e Marco Sarno hanno presentato tre progetti di NutMobili ispirati alle forme del vasetto: un frigorifero *streamline* anni Cinquanta, una cassettiera contemporanea in policarbonato e in legno zebrato e un cassettone d'antiquariato fine Ottocento (**nella foto in basso**).

DEVOTO-OLI

Giacomo Devoto, linguista dell'Accademia della Crusca e Gian Carlo Oli, docente negli istituti italiani di cultura all'estero, nel 1960 diedero alle stampe la prima edizione del loro di-

zionario di lingua italiana, uno tra i più diffusi. Nel 1995 comparve un nuovo lemma: «nutella s.f. (*nu-tél-la*) Nome commerciale di una diffusissima crema a base di nocciole e cioccolato». Ma l'azienda Ferrero, temendo che il marchio potesse subire una "volgarizzazione", ottenne dagli autori che nelle successive edizioni del dizionario fosse precisato che si tratta di un marchio registrato, come previsto dalla normativa comunitaria in materia.

DUCASSE

Alain: oltre che un grande chef, ormai è un buon manager, avendo fondato un gruppo imprenditoriale con quasi trenta ristoranti in otto Paesi del mondo. Un giorno Ducasse, ci ha confidato: «La Nutella? Sì, è vero, l'adoro. Quando sono nel mio locale a New York ne ho sempre un grande vaso da cinque chilogrammi» (blog *Dolcelavita*, LaStampa.it, 19 aprile 2009).

E

ENERGIA

Alla base del primo principio della termodinamica c'è l'equivalenza tra lavoro e calore. Come spiegarlo in modo dolce? Ci ha pensato il fisico Monica Marelli, nel suo curioso libro *La fisica del tacco 12* (2009). Così scrive, riferendosi ai problemi dietetici che possono nascere da un abuso del barattolo: «Colpa della prima legge della termodinamica: energia Nutella gustata = energia Nutella accumulata e/o consumata».

EROS

Cosa c'entra Nutella con l'amore? I sogni erotici legati a un utilizzo trasgressivo del prodotto abbondano. Eros e Nutella, quanto a ricerca del piacere, non possono che andare d'accordo, per citare Sigmund Freud. Del resto il cioccolato viene spesso considerato afrodisiaco, anche se il sessuologo Willy Pasini è convinto che ciascun cibo lo possa essere soltanto in

F

base alle aspettative che genera. L'andrologo milanese Maurizio Bossi, rispetto all'ambiguità dell'ermafrodismo gastronomico del cioccolato (si usa la parola cioccolata al femminile, quando è calda e liquida, e al maschile, se freddo e solido), sostiene che la cremosità di Nutella è più materna e rassicurante per un uso alternativo all'amore. Lo sottolinea la giornalista Maria Latella in un articolo pubblicato all'alba del Duemila dedicato alle cose da tenere e da buttare del Novecento. Tra le prime, indica la mitica crema: «Strumento della provvidenza per donne in crisi e registi di nome Nanni, rischia di passare alla storia per via di dettagli marginali quali la forte identificazione simbolica con Walter Veltroni. I politici però passano e i bisogni, invece, restano: per le delusioni amorose la Nutella resterà imbattibile».

EVEREST

Nella catena dell'Himalaya, tra Nepal e Tibet, si trova la montagna più alta del mondo. Molti alpinisti italiani delle spedizioni sull'Everest si sono portati negli zaini una scorta di Nutella. L'ex campionessa olimpica di fondo Manuela Di Centa subì un increscioso furto. Era in Nepal nella *Everest Speed Expedition*, quando al campo base le rubarono il bene più prezioso, come dichiarò («La Gazzetta dello Sport», 15 aprile 2003): i barattoli di Nutella.

EUROCHOCOLATE

È la più grande e conosciuta manifestazione dedicata al cioccolato in Italia, che dal 1994, in autunno, si svolge a Perugia. Ideata dall'architetto Eugenio Guarducci, richiama centinaia di migliaia di appassionati del "cibo degli Dei". Nell'ambito dell'edizione 1995 fu organizzato il primo Nutella Party, rigorosamente in pigiama. E nel 2000 a Torino fu aperta una grande Nutelleria in piazza Castello (**nella pagina a fronte**).

FINGER BISCUIT

Chi non ha mai provato la tentazione di affondare le dita dentro un vasetto di crema da spalmare appena aperto? Ora c'è di meglio: un oggetto presentato al Salone del Mobile di Milano nel 2006 e poi ne la mostra "Tra gioco e discarica" del 2010, alla Triennale Design di Milano. È il curioso *Finger biscuit* (**in basso, alcuni prototipi**), ideato dal noto designer Paolo Ulian: un biscotto che non si tiene in mano, ma si infila come un ditale e si gusta in un sol boccone, ricoperto di Nutella. Un'idea geniale, per evitare i complessi di colpa.

FERRO

Tiziano: premiato come il cantante italiano più venduto dai *World Music Award*, la popstar nata a Latina nel 1980 confessa a Marinella Venegoni il suo hobby: cucinare. E la sua specialità? «Sbrisolona alla Nutella» («La Stampa», 29 marzo 2009).

G

FIORELLO

Rosario: è forse lo *showman* televisivo italiano più popolare. Nato a Catania nel 1960, si è fatto le ossa nei villaggi vacanze, per sfondare con il karaoke sulle reti Mediaset, quindi in Rai (anche con una fortunata trasmissione radio) e poi su Sky. È qui che durante uno show, il 16 maggio 2009, tesse l'elogio di Michele Ferrero, inventore della crema da spalmare, raccontando al pubblico divertito: «A me la Nutella piaceva così tanto che me la mettevo sulle ferite; mi sbucciavo il ginocchio, mi spalmavo di Nutella e mi passava. Da lì, la frase... leccarsi le ferite». Domandandosi: «Perché mamme, quando compravate la Nutella, la nascondevate?». Chiuse lo show con una constatazione: «Nutella non è soltanto una crema da mangiare, è un mondo...».

G8

La colazione dell'ultimo giorno di vertice degli otto Grandi della Terra a l'Aquila, nella caserma di Coppito, il 10 luglio 2009, è stata a base di Nutella, frutta fresca e latte: a servirla, lo chef della Nazionale di calcio italiana Claudio Silvestri con Andrea Giovannini assistente di sala. Entrambi sono stati per anni protagonisti degli spot Ferrero in Italia.

GARKO

Pseudonimo di Dario Gabriel Oliviero, nato a Torino nel 1974, è un attore molto amato dal pubblico femminile, protagonista di numerose serie tv. Ha raccontato di aver avuto un'infanzia dolce, essendo figlio di un pasticciere: «Ancora oggi adoro la Nutella» ("Anna", dicembre 2007).

GIGANTE AMICO

È un uomo fuori misura, che in genere fa paura. Ma può essere amico. Romano Bertola è uno scrittore e battutista torinese, autore di slogan e *gingles* pubblicitari molto noti al pubblico di *Carosello*, come l'Olandesina della Mira Lanza, la Maria Rosa della Bertolini, il Merendero per i prodotti Talmone. Il suo personaggio più amato fu il Gigante Amico (**a sinistra**), protagonista di una serie di cartoni animati realizzati dai fratelli Pagot, che andarono in onda tra il 1971 e il 1976. Chi era il Gigante Amico? In realtà era l'azienda Ferrero, che dispensava aiuti e dolcezze ai bambini.

H

GILLI

Se amate Nutella e volete farlo sapere in giro, se siete disposti a pagare più di 500 euro per una borsa *limited edition*, la "Nutelle Cube" realizzata dalla casa Gilli (marchio creato da Giulia Ligresti) fa per voi. È una borsa di vitello nappato, marrone e bianco, che raffigura il mitico barattolo (**in basso**): le applicazioni in vernice riproducono la fetta di pane, il bicchiere di latte e le nocciole dell'inconfondibile etichetta. È stata regalata alle *first ladies* presenti al G8 in Abruzzo, nel 2009, e piace a molte attrici italiane, da Serena Autieri a Milly Carlucci e Nancy Brilli.

HEGEL

Georg W. Friedrich: filosofo idealista, è convinto che lo spirito sia la coscienza universale, la razionalità che si manifesta nel reale. C'è invece chi ritiene che si possa esplicare nella mitica crema Ferrero, come la giornalista Laura Carassai, che recensendo il libro di Cassini *Nutella Nutellae*, ha scritto: «Una passione divorante Irrefrenabile. Ha colpito capi di governo, stregato artisti, sedotto poeti. L'amore per la Nutella non si spiega, c'è. La crema di nocciole al sapore gianduia, più che un alimento, è una categoria dello spirito, uno stato di percezione superiore» («La Stampa», 8 ottobre 1993).

HELVETICA MEDIUM

È una delle "fonti" di caratteri grafici più classica e leggibile. Fu adottata negli anni Sessanta dallo Studio Stile di Milano che disegnò il logo di Nutella, rimasto quasi del tutto immutato. Il marchio venne colorato di rosso, salvo la lettera iniziale in nero.

HOWE

Andrew, nato negli Stati Uniti, a Los Angeles, nel 1985, è naturalizzato italiano e nel 2006 ha conquistato il titolo europeo di salto in lungo nel 2006. Qual è la dieta ideale per Andrew? Ha dichiarato: «Mangio di tutto, ma con il cervello. Certo che qualche voglia bisogna levarsela. Anch'io ho il mio vasetto di Nutella» («Gazzetta dello Sport», 10 aprile 2008).

I

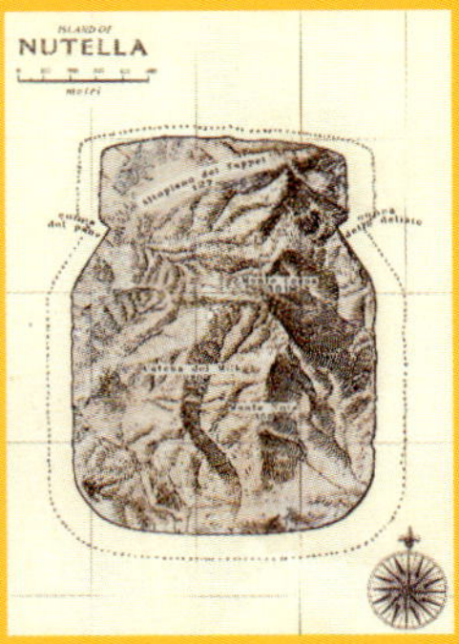

IRAQ

Un tempo si chiamava Mesopotamia, ora è uno Stato al centro di tensioni internazionali dopo la guerra che ha deposto il dittatore Saddam Hussein. Anche in Iraq, lontani da casa, un barattolo di Nutella può rappresentare un conforto. A Bassora il 28 marzo 2003, quando l'attacco a Saddam era appena incominciato, un fuoristrada con sette giornalisti italiani fu fermato in periferia, mentre gli inglesi stavano per invadere la città. Arrestati dai vigili urbani, rimasero 12 giorni nelle mani dei soldati iracheni prima di essere liberati, a Baghdad, dagli americani. Nel suo diario, l'inviato Luciano Gulli così riferì un doloroso furto: «Ma il barattolo di Nutella dov'è? Nel vano portabagagli, la baraonda di un arraffa arraffa. Salviamo il salvabile». Ma il vasetto non si salvò («Il Giornale», 10 aprile 2003).

ISOLA

È una porzione di terra emersa circondata dall'acqua. Ne esiste una, la più dolce del mondo, che tutto intorno ha lo stabilimento dolciario più grande d'Europa, su un'area di 400 mila metri quadrati. È il capannone denominato "Isola Nutella" e si trova ad Alba, dove sono incessantemente all'opera grandi conche per la lavorazione della famosa crema.

ITALIA

A identificare il *made in Italy* è entrata anche Nutella. Il suo «straordinario mix di gusto, spalmabilità e confezione» – così nel catalogo della mostra "Cento anni di prodotto italiano (1900-2000)" svoltasi nel 2001 per iniziativa del Parco Scientifico Tecnologico Galileo di Padova – la fece preferire, in un sondaggio tra il pubblico di visitatori, a tutte le altre icone presentate, dalla Vespa alla Fiat Cinquecento. E nella mostra "Italianità", (dalla quale è nato un libro, curato da Giulio Iacchetti), tenutasi nella Galleria Corraini di Mantova, a fine 2008, fra i trenta oggetti esposti che hanno contribuito a costruire la "coscienza visiva" italiana, c'era naturalmente Nutella (**a sinistra**), oltre al marchio Agip, all'Apecar, alla Coppa del Nonno, alla bicicletta Graziella, alla Moka Bialetti, alle Pastiglie Leone, ai pantaloni dei Carabinieri... Sono stati tutti rappresentati, in modo onirico e ironico, in grandi tavole disegnate da Ale + Ale: Alessandro Lecis e Alessandra Panzeri.

J

L

JO CONDOR

Nel dopoguerra in Italia fece furore il film con Spencer Tracy intitolato *A Guy Named Joe* (tradotto in *Joe pilota*). A quella pellicola s'ispirò il pubblicitario torinese Romano Bertola per inventare il personaggio Condor (**in basso**), in lotta con il Gigante Amico. Rimane viva, nella memoria di chi la ascoltò per anni a *Carosello*, la battuta dell'uccellaccio pilota: «E che, c'ho scritto Jo Condor?». Con il coretto che cantava: «Gigante... pensaci tuuuu», per invocare il suo aiuto contro i persecutori dal cielo del tranquillo villaggio. La frase pronunciata nel cartone animato si rifaceva a un detto della tradizione piemontese: «Ho scritto giocondo sulla fronte?». Un modo per dire: non sono scemo.

LAVIER

Bertrand: l'artista francese nato a Châtillon-sur-Seine nel 1949 trasforma oggetti d'uso comune in opere d'arte. E che cosa c'è di più planetario di Nutella? Un pallet con circa 800 barattoli è stato esposto da Lavier, insieme con altre installazioni multimediali, nella mostra *Sons & Lumières* a Reims, nel 2009, per la Sesta Edizione di *Expérience Pommery*, mostra che si tiene ogni anno nelle cantine della grande casa produttrice di champagne.

LIBÉRATION

Il quotidiano francese più anticonformista ha dedicato al quarantennale di Nutella una pagina firmata da Éric Jozsef. Nell'articolo rileva come sia diventata «un mito», una sorta di «*condensé de l'Italie*», anche se resta un dubbio: «*Le ou la Nutella, comme disent les Italiens, masculin ou féminin?*» («Libération», 29 gennaio 2005).

M

MADELEINE

È un pasticcino tradizionale francese (**in basso**) a forma di piccola conchiglia, ma la parola ricorre spesso nel suo significato proustiano, nato da un famoso brano della *Recherche* in cui il protagonista, mangiando un biscotto, ricorda le madeleine che la domenica mattina gli offriva la zia Léonie. Marcel Proust andava con la memoria ai dolci della sua infanzia. Nel 1990 la giornalista italiana Rita Cirio pubblicò in Francia un libro dedicato agli oggetti più famosi del *made in Italy*. Vi inserì il barattolo di Nutella: «Intere generazioni si sono formate sul suo sapore, che somiglia al cioccolato ma non è cioccolato e sulla sua consistenza molle, dolciastra e un po' vischiosa: una sorta di madeleine proustiana, spalmabile e collettiva».

MARCEGAGLIA

Emma: imprenditrice dell'acciaio, è la prima donna in Italia a ricoprire la carica di presidente della Confindustria, l'organizzazione che rappresenta gli industriali. Eletta il 13 marzo 2008, ha raccontato a Raffaella Polato i riti delle sue vacanze al mare: «Andavamo a correre e nuotare. E poi tutta la fatica la buttavamo in due cucchiai e un barattolo di Nutella». («Corriere della Sera», 13 marzo 2008).

MAMMA

Forse la prima parola che tutti noi pronunciamo. Secondo alcuni psicologi, la mitica crema sarebbe una sorta di grande mamma degli italiani. E per ben tredici anni la Ferrero lanciò slogan pubblicitari evocativi, con il *claim* «Mamma tu lo sai». Con il sottofondo della canzone *Vola colomba* di Nilla Pizzi, lo spot presentava scene di vita quotidiana degli anni Cinquanta. E una voce fuori campo diceva: «La vita era più naturale, tua madre pensava sempre a te. Per questo sei cresciuta bene e felice. E ti ricordi? Tua madre ti dava Nutella».

McCONAUGHEY

Matthew: l'attore americano, nato in Texas nel 1969, è considerato da molti il nuovo Paul Newman; ha avuto relazioni con Sandra Bullock e Penélope Cruz; ha un fisico statuario, ma non rinuncia a nulla: «Qualche volta quel cucchiaino di Nutella, che tanto vi fa gola, mangiatelo. Alle tentazioni ogni tanto bisogna cedere» ("Ok!", novembre 2009).

N

NAPOLEONE

Nato ad Ajaccio in Corsica, ufficiale dell'esercito divenuto imperatore dei francesi, Bonaparte è una delle figure più discusse della storia. Era già al potere da sei anni quando emanò il decreto di Berlino (1806), in base al quale venivano bloccate tutte le navi inglesi o che avessero fatto scalo nel Regno Unito. Attraverso quelle rotte arrivavano in Europa i prodotti coloniali, che da quel momento subirono una forte impennata di prezzo, compreso il cacao (non ancora coltivato in Africa, dove arrivò soltanto nel 1822). In quegli anni Torino era la capitale del cioccolato in Italia e i suoi pasticcieri decisero di usare le nocciole, facilmente reperibili sulle colline di Langa, per sostituire il centellinato cacao. Nel 1865, dalla golosa e fortunata miscela di nocciole, cacao e zucchero, nacque il cioccolatino gianduiotto, antenato della Nutella. Curiosamente nel 2005 la Fondazione Ferrero ha tributato un omaggio all'imperatore francese con una mostra dedicata a "Napoleone e il Piemonte". L'ha inaugurata l'attore Gérard Depardieu, che ha interpretato più volte Napoleone Bonaparte e ha accettato di venire ad Alba dettando due condizioni (riferite dall'agenzia di stampa Ansa il 5 agosto 2005). La prima: un pantagruelico pranzo a base di tartufi. La seconda: una riserva di Nutella pari al suo peso. Lo hanno accontentato.

NOBEL

Alfred Bernhard: è il chimico svedese che ha inventato la dinamite nel 1875. Nobel ha destinato il suo patrimonio ai premi che ogni anno l'Accademia delle scienze di Stoccolma assegna ai benefattori dell'umanità in varie discipline: fisica, chimica, medicina, letteratura e mantenimento della pace. Tra il 1991 e il 1992 il settimanale satirico "Cuore", diretto da Michele Serra, realizzò un sondaggio permanente tra i lettori basato sulle «cinque cose per cui vale la pena vivere». Lo definì «Giudizio Universale» e ancor oggi rimane come una piccola enciclopedia delle passioni degli italiani. Nutella si posizionò stabilmente a metà classifica. Si chiese su "Cuore" Fabio Fazio: «Perché non danno il Nobel per la letteratura all'inventore della Nutella?».

NUTELLERIA

Luogo di delizia e di golosità sperimentato nel 1999 e nel 2000 al MotorShow di Bologna e alle kermesse di Eurochocolate di Perugia e Torino. Vi si degustano pizze, piadine, crêpes, mousse, macedonie e frullati, rigorosamente con Nutella. A Parigi, nell'estate 2005, per 40 giorni è stata allestita la *Table Nutella* (**a sinistra**) per celebrare i quarant'anni del prodotto in Francia, con atmosfera più da *lounge* che da *fast food*.

O

OLIMPIADI INVERNALI

Le moderne Olimpiadi, che prendono il nome dai giochi che si tenevano a Olimpia in onore di Zeus nell'antica Grecia, sono nate nel 1896 ad Atene su iniziativa di de Coubertin. Poi a Chamonix, in Francia, nel 1924 presero il via quelle invernali e Arianna Fontana, biondina valtellinese (provincia di Sondrio) è stata la più giovane italiana a conquistarne una medaglia. È il bronzo vinto a Torino nel 2006, quando aveva soltanto 15 anni, seguito da un altro terzo posto a Vancouver, in Canada nel 2010. La sua specialità è lo *short track*. Ma la sua passione è una «immancabile colazione a base di Nutella» («La Provincia di Como», 19 febbraio 2010).

ORWELL

George: pseudonimo di Eric Arthur Blair (1903-1950), giornalista e scrittore britannico, ha pubblicato il libro 1984 due anni prima di morire. Nella sua opera aveva previsto lo strapotere dei media che si sarebbe espresso attraverso un "Grande Fratello", dittatore che teneva tutti sotto controllo. Da quel personaggio prese spunto nel 1999 il titolo del primo *reality show*, che andò in onda con la casa di produzione Endemol in Olanda. Poi, dal 2000, arrivò in Italia e in tanti altri Paesi, come un'epidemia: Germania, Portogallo, Stati Uniti, Regno Unito, Spagna, Belgio, Svezia, Svizzera. Le notti in bianco dei concorrenti di tutte le edizioni del *Grande Fratello* su Canale 5 sono sempre accompagnate da Nutella.

P

PANE

Fra gli alimenti base dell'umanità, è un impasto di farina e acqua cotto in forno: sempre ottimo con Nutella. L'attrice e modella Martina Colombari ne è convinta: «Sono golosa di pane e Nutella, gelato alla nocciola e torta di carote» ("Bella", 8 luglio 2003).

PANICUCCI

Federica: ama il fitness, è cintura arancione di karate, ma la protagonista di tante trasmissioni tv e di Radio Dee Jay non nega: «Faccio parte della nutrita schiera delle seguaci della Nutella by night» ("Visto", agosto 2009).

PARTY

È una parola inglese che a sua volta deriva dal francese. Oggi è diventato un sinonimo di festa e spesso viene associato a Nutella. Pare che tutto sia incominciato nel 1994, alla discoteca romana New Open Gate, su iniziativa di un movimento giovanile anti-droga. Da anni gli amministratori del Comune di Alba a Capodanno organizzano, in piazza, un mega Nutella Party per festeggiare a mezzanotte l'arrivo del nuovo anno.

PEANUT BUTTER

Negli Stati Uniti il burro di arachidi tostate è un classico dell'alimentazione con il quale cresce la maggioranza dei ragazzi. La scrittrice russa Elena Kostioukovitch nel suo libro *Perché agli italiani piace parlare di cibo* (2006), con la prefazione di Umberto Eco, scrive: «La Nutella non permise al burro di arachidi americano di introdursi nella dieta dei teen-ager e dei bambini italiani».

Q

PIZZA

È forse "il" piatto italiano più famoso nel mondo. Ma questa semplice focaccia piatta condita con olio e pomodori, spesso viene insaporita con altri ingredienti. E ormai in moltissime pizzerie non manca quella con Nutella (**in basso**). Sono in tanti ad apprezzare quest'originale versione, come lo psichiatra Paolo Crepet: «La Nutella mi riporta alla mia infanzia ed è un prodotto tutto italiano che profuma di casa. Vado matto per la pizza bianca con sopra la Nutella caldissima. È la mia merenda preferita» ("Anna" del 14 aprile 2004).

QUANTITÀ

Nella logica aristotelica, la quantità è la terza categoria e indica la natura di enti divisibili in più parti. Senza eccessi, anche la crema alle nocciole Ferrero può dare la giusta quantità di calorie: spalmata su una fetta di pane (30 g di Nutella per 50 g di pane di grano duro), con una tazza di latte (125 ml) e una mela (100 g) apporta al nostro organismo 300-400 calorie, pari a circa il 15-20% della quota giornaliera. Lo hanno dimostrato i nutrizionisti riuniti ad Alba in un *workshop* dedicato alla prima colazione, con il professor Carlo Agostoni dell'Università di Milano («La Stampa», 31 ottobre 2009).

R

RICETTA

Oltre che quella medica, è l'indicazione relativa alle dosi e agli ingredienti per una preparazione culinaria o per una bevanda. Gli ingredienti di Nutella sono sull'etichetta, ma nessuno conosce la sua vera formula. È un segreto industriale che vale milioni di euro, come quello della Coca-Cola, custodito in una cassaforte di Atlanta, nel Sud degli Stati Uniti.

RICCI

Antonio: autore di programmi televisivi, ha ideato *Striscia la Notizia*, notiziario satirico quotidiano di Canale 5. È stato protagonista di una *querelle* culturale sulla crema Nutella con lo scrittore Ferdinando Camon. Quest'ultimo nell'inserto *Tuttolibri* de «La Stampa» nel 1993, per invitare gli italiani a leggere, scriveva: «Cos'è quel Gabibbo che ingoia libri come brioche, dando l'idea della libreria come supermercato di alimentari, e del libro come Nutella, biscotto, yogurt, che lo mangi, lo elimini ed è finita?». Ne ebbe una risposta firmata Gabibbo, in realtà scritta da Antonio Ricci : «... il mio ingoiare libri era solo una malizia retorica... In secondo luogo voglio affermare che per me c'è più cultura in un vasetto di Nutella, che nell'80 per cento dei libri giacenti (e dico giacenti perché trattasi di salme) in una qualsiasi mitica libreria».

S

SOCCER

Con questo nome più colloquiale è conosciuto il *football* o gioco del calcio: una disciplina nata in Inghilterra nel 1863 e diffusa ovunque. In Sudafrica (dove si è svolta l'ultima Coppa del mondo nel 2010), in Canada, negli Stati Uniti, in Australia, in Giappone e in altri Paesi il nome ufficiale di questo sport è appunto *soccer*. Tra Nutella e football è vi è sempre stato un intenso legame: sponsorizzazioni di *Champions League*, cartelloni pubblicitari negli stadi e ammesse scorpacciate solitarie di tanti campioni. Anche in Sudafrica lo sponsor Nutella ha coinvolto due squadre. La Nazionale azzurra, con gli spot del suo cuoco Silvestri, e quattro giovani star del calcio tedesco definiti gli *jungen Wilden*, i "giovani selvaggi": Benedikt Höwedes, Mats Hummels, Mesut Özil e Manuel Neuer (**in basso a sinistra**).

SORBONA

È la sede della più famosa università parigina, dove alla fine degli anni Sessanta dilagò la rivolta studentesca. L'occupazione si è ripetuta nel marzo 2006 e i ragazzi francesi, come già tanti *Nutella boys* in Italia negli anni Novanta, hanno replicato feste e party a base di crema Ferrero.

STREGA

È forse il premio letterario più prestigioso. Come conquistarlo? Lo spiega uno dei vincitori, che nel 2005 con *Il viaggiatore notturno* si aggiudicò il Premio Strega, Maurizio Maggiani: «Una buona trama è come la Nutella, nutre mentre diverte».

T

TARTINUTELLA

Ha riscosso molti consensi in Francia, nel 2002, il coltello "spalmatore" disegnato dal noto architetto, Patric Jouin, che lo battezzò *TartiNutella* (**sopra, è nelle mani di un bambino**). Ha un'ampia lama e un incavo vicino al manico che permette di agganciarlo al bordo del barattolo. È stato esposto anche al *Centre Pompidou* di Parigi, nel 2010, per una mostra dedicata al designer francese.

TEENAGER

Ovvero l'età dell'adolescenza, alla quale tutti vorrebbero tornare. La giornalista Maria Laura Rodotà nel suo libro *Pizza di farro alla rucola con Nutella* (1995) dedicato ai vizi degli italiani, così descrive le moderne teenager: «... come le adolescenti delle tre generazioni precedenti, si consolano mangiando Nutella di nascosto (a volte al buio)».

TENNIS

Che siano specialiste nel "dritto" o nel "rovescio", pare che molte tenniste non possano rinunciare al barattolo del desiderio. Se la slovacca Daniela Hantuchova – fisico da top model – ha confessato a «The Times» (13 luglio 2008) che il suo dolce preferito sono le «*crêpes* alla Nutella», la serba Ana Ivanović ha dichiarato al quotidiano sportivo «La Gazzetta dello Sport» (3 maggio 2009) che «i gelati e la Nutella sono il mio punto debole a tavola», mentre l'italiana Flavia Pennetta ha concluso («Corriere dello Sport», 10 novembre 2009): «Adoro Nutella». E non solo le belle tenniste amano spalmare. Il campione spagnolo Rafael Nadal ha un'abitudine: tutte le mattine (racconta «Marca», quotidiano sportivo di Madrid, il 6 giugno 2008) fa colazione con Nutella.

TOP MODEL

Quando lo diventa, una donna sa di poter chiedere tutto agli uomini. E a se stessa? Quali rinunce deve accettare? A giudicare dalle dichiarazioni di tante "bellissime" di oggi e del passato, alla Nutella non vogliono proprio rinunciare. Lo ha dimostrato anche un reportage sul *backstage* delle sfilate di moda a Milano ("Sette" del «Corriere della Sera», 22 luglio 2010), che ha svelato le "sorprese" scoperte nella casa di un gruppo di top model. Prima rivelazione: le modelle mangiano Nutella. Seconda rivelazione: la multimedialità (tutte hanno un pc con Internet). Terza rivelazione: un "piano B", con una laurea per trovare un lavoro serio.

TOTTI

Francesco: il numero 10 della Roma non ha mai nascosto la sua predilezione. Nel 2004: «Il mio doping? La Nutella» (Agenzia Ansa, 2 febbraio). Due anni dopo, in ospedale, al risveglio da un intervento al perone, ha chiesto una sola cosa: un barattolo della crema da spalmare Ferrero. «Stamattina Nutella, poi però non dovrò esagerare. Vedrete, mi saprò gestire bene...». (Ansa, 20 febbraio 2006). Icona della romanità, in seguito a un altro intervento chirurgico, nell'aprile 2008, Totti ha ricevuto dai tifosi della curva Sud un esclusivo regalo: un grande vasetto di Nutella («La Gazzetta dello Sport», 22 marzo 2008).

TV

Ormai il mondo è condizionato dalla televisione. Forse basterebbe seguire i consigli dell'autore tv Antonio Ricci: «La tivù è come la Nutella, se ne mangi quattro vasetti fa male, se ne mangi di meno...» («La Repubblica», 12 marzo 1996).

U

USA

Per la campagna pubblicitaria americana (**in basso, Times Square; a fronte, *breakfast* con Nutella**) su giornali e tv del 2010, i responsabili Ferrero di Somerset hanno inventato un nuovo slogan. Invece di scrivere «Che mondo sarebbe senza Nutella», chiaramente legato al mito, hanno voluto essere pragmatici. «La colazione non è mai stata così buona!».

V

VALERIANA

Erba dagli effetti sedativi, che si usa in infuso o in pastiglie. Ma c'è chi, come l'attrice Francesca Neri, ha un altro metodo: «Quando compro la Nutella non ho mezze misure, ma una regola sola: niente cornetti, pane o cucchiaini, la mangio direttamente con le dita. È un rituale tutto mio: me la gusto di notte, davanti a un film in televisione. Così mi rilasso prima di andare a dormire. Praticamente è diventata la mia valeriana» ("Anna" del 14 aprile 2004).

VENTURA

Simona: nota *showgirl* e presentatrice televisiva di programmi sportivi e di *reality* particolarmente popolari in Italia, Simona ha confessato al mensile "Flair" (novembre 2007): «Lo snack a cui non resisto è la Nutella».

VOLLEY

Ecco uno sport che richiede grande dispendio di energie. Così le pallavoliste italiane non si fanno mancare niente: Simona Gioli a "Elle" (giugno 2008): «Vado pazza per il pane caldo con Nutella»; Francesca Piccinini: «Non so dire no a Nutella» («Corriere dello Sport – Stadio», 8 novembre 2009); la dilettante Silvia Battisti, diventata Miss Italia nel 2007: «Altro che anoressica, vivo di pasta e Nutella» ("Oggi", ottobre 2007).

W

WINNING ITALY AWARD

Voluto dal Ministero degli Esteri italiano, questo premio registra lo stato di salute dell'eccellenza, del talento e della creatività italiani e viene assegnato a coloro che hanno saputo promuovere e valorizzare l'immagine e la reputazione dell'Italia nel mondo. Il 5 luglio 2010 è stato dato alla Ferrero: il ministro Franco Frattini ha consegnato il riconoscimento, a Villa Madama, ai due fratelli Pietro (1963) e Giovanni (1964), i due CEO dell'azienda, nati negli stessi anni in cui veniva alla luce Nutella.

Z

ZAPPING

Termine usato per indicare il *channel surfing* in televisione. Meglio se praticato con un vasetto fra le mani, la sera... come sostiene lo scrittore e regista Bruno Gambarotta: «La Nutella è adorata da una generazione di trenta-quarantenni che vivono "spalmati" sul benessere, "spalmati" sui divani a fare zapping, "spalmati" sulla vita» («La Stampa» – "Tuttolibri", 24 dicembre 1999).

NUTELLA D'AUTORE

Davide

La Nutella è comunitaria: al mattino riunisce la famiglia per il rito della colazione, al pomeriggio accomuna gli sportivi in allegre merende, alla sera è la protagonista di tanti party giovanili. Ora scoprirete che anche a tavola può offrire spunti inaspettati. In queste pagine quaranta chef e pasticcieri hanno creato un piatto di alta cucina nel quale, tra gli ingredienti, c'è la Nutella: sono appetizer, antipasti, primi, secondi, dessert e gelati. Se ne può comporre un intero menu, da stupire i vostri amici.
La Nutella si insinua nelle preparazioni salate più diverse: ama la zucca per un risotto, non disdegna la ricotta per dare più sapore ai fiori di zucchine, entra persino nella polenta per farla dolcemente abbinare a un manzo brasato. Arricchisce tanti gelati, sia della tradizione italiana sia di quella americana, ricopre una pizza con qualche decorazione sorprendente, diventa ripieno per classici agnolotti piemontesi. È il suo modo di accomunare genti, ingredienti, gusti, con quell'anima "glocal", tra cacao e nocciole, che intriga anche i grandi della ristorazione.
Sono orgogliosa della magnifica squadra che presento in questa nuova edizione del mio libro: le sorprendenti idee che troverete nelle loro preparazioni vi consentiranno di declinare in modo innovativo piatti della nostra memoria collettiva. Non a caso tutti gli chef parlano di infanzia, loro o dei figli: con l'aggiunta di questo poliedrico ingrediente ci fanno compiere un fantastico viaggio con il palato.

MEDAGLIONE
DI CERVO CON CUORE DI NUTELLA E FEGATO GRASSO

RICCARDO AGOSTINI – IL PIASTRINO (PENNABILLI, RM)

Una ricetta ispirata al classico filetto alla Wellington, con due ingredienti preziosi. Sorride, Riccardo Agostini: «Nutella è la cosa più golosa che c'è... Usarla in cucina è un divertimento, come ho sperimentato con i miei amici. E abbiamo riso tutti quando a un certo punto un bambino non ha resistito e ha voluto assaggiare questo mio piatto con un dito».

PER 4 PERSONE

filetto di cervo	g	500
fegato grasso	g	300
crema NUTELLA®	g	130
pasta kataifi	g	100
guanciale	g	40
panna liquida da montare	ml	100
olio extravergine di oliva		q.b.
sale		q.b.
pepe nero		q.b.
brodo vegetale		q.b.

- Ripulite il filetto di cervo dalla nervatura esterna, poi tagliatelo in quattro medaglioni di circa 110 g ciascuno.
- Tagliate il fegato grasso in cinque scaloppe da 60 g circa. Passatene una sola al setaccio, incorporate 30 g di Nutella al purè di fegato grasso ottenuto e amalgamate bene il composto; salate e pepate.
- Fate un'incisione laterale alle nocette di cervo e inserite all'interno, con l'aiuto di un sac à poche, la farcia di fegato grasso e Nutella. Fasciate solo lateralmente, con una fettina sottile di guanciale, e legate con dello spago da cucina in modo da mantenere la forma delle nocette.
- Cuocete velocemente in padella con un filo d'olio, in modo da sigillare esternamente la carne; salate e pepate. Togliete dalla padella di cottura e dopo avere eliminato lo spago, avvolgete completamente con la pasta kataifi e mettete in forno su una teglia a 210 °C per 6 minuti circa. A cottura ultimata, fate riposare per 2-3 minuti in modo che i succhi di cottura si distribuiscano nella carne.
- A questo punto nella padella di cottura, precedentemente sgrassata, mettete un poco di farcia di fegato grasso e Nutella, insieme con un po' di brodo vegetale: fate amalgamare gli ingredienti in modo da ottenere una salsa cremosa.
- Con la panna montata soda, aggiungendovi la restante Nutella, preparate una *mousseline* aggiustandola di sapore con sale e pepe.
- Cuocete in una padella senza grassi le restanti scaloppe di fegato grasso, dorandole da ambo i lati, salate e pepate.
- Impiattate mettendo da un lato il medaglione di cervo alla Nutella e di fianco la scaloppa di fegato grasso su cui adagiarete una quenelle di *mousseline* di Nutella. Completate screziando con la salsa di cottura.

CREMINO
DI NUTELLA E AMARENE IN CROCCANTE DI PANE DI FARRO E FIOR DI SALE DI MOZIA

AIMO E NADIA – IL LUOGO DI AIMO E NADIA (MILANO)

Dalla brigata del famoso ristorante milanese un ironico ricoperto, che si pone ai confini tra dolce e salato. E Stefania Moroni con quel goloso ingrediente ritorna bambina: «Era l'unica trasgressione che mi veniva consentita. Niente merendine: soltanto cibi genuini, quando ero piccola. Papà Aimo e mamma Nadia mi permettevano pane, olio, zucchero. Oppure lei, la Nutella...».

PER 4-6 PERSONE

crema NUTELLA®	g	40
Per il gelato:		
panna fresca liquida	g	100
zucchero	g	15
tuorlo d'uovo		1
stecca di vaniglia di Tahiti (i granellini)		½
Per la gelatina di amarene:		
amarene fresche denocciolate	g	100
gocce di succo di limone		2
pectina	g	1
Per il croccante:		
mollica di pane di farro biologico a lievitazione naturale	g	50
Per decorare:		
amarene fresche		4
sale di Mozia		q.b.

- Per il gelato, scaldate la panna a 90 °C.
- A parte, preparate una crema inglese: montate il tuorlo con lo zucchero e i granellini di vaniglia. Versate a filo la panna e sempre mescolando mettete su fuoco basso, portando alla temperatura di 65 °C. Spegnete, lasciate raffreddare in frigorifero per due ore, poi trasferite la crema nella gelatiera. A ¾ di mantecazione, amalgamate la Nutella, così da ottenere un gelato variegato e terminate la mantecazione.
- Passate le amarene al setaccio, incorporate la pectina alla purea ottenuta e mescolando portate a ebollizione. Unite il succo di limone e togliete subito dal fuoco. Distribuite il composto a una altezza di 0,5 cm in quattro stampini di silicone a forma ovale, di dimensioni 4x3 cm e alti 2,5 cm, che andrete a riporre in frigorifero a gelificare per due ore.
- Per i cremini: in 4 stampini ovali delle stesse dimensioni di quelli utilizzati per la gelatina di amarene, disponete nell'ordine uno strato alto 1 cm di gelato variegato alla Nutella, uno strato di gelatina di amarene appena sformata, poi sovrapponete un nuovo strato di gelato. Ponete in abbattitore a -18 °C per 1 ora.
- Con un setaccio sbriciolate finemente la mollica di pane di farro, stendentela su una placca, e infornate a 60 °C per 30 minuti, fino a renderla una granella croccante. Fate poi raffreddare.
- Sformate con delicatezza i cremini congelati e in ognuno inserite un bastoncino piatto di legno: passateli nel pane croccante ricoprendoli uniformemente e cospargeteli di qualche granello di sale di Mozia.
- Disponete ogni cremino nel piatto, accompagnando con amarene fresche.

GLI AGNOLOTTI
DI LIDIA ALLA NUTELLA

LIDIA ALCIATI – RELAIS SAN MAURIZIO, RISTORANTE GUIDO DA COSTIGLIOLE (SANTO STEFANO BELBO, CN)

I famosi *agnolòt* del ristorante Guido, ma alla Nutella. Lidia svela il "trucco" per realizzarli: mettere la crema di nocciole in frigo prima di cominciarne la preparazione. E ci accompagna con un bel ricordo: «Ah, la Nutella: i signori Franca e Michele Ferrero venivano da noi a Costigliole per mangiare e ce la portavano. Che festa era per i miei figli Piero, Ugo e Andrea».

PER 4-6 PERSONE

Per la pasta:

farina 00	g	250
tuorli d'uovo		6
acqua fredda	g	40-50
crema NUTELLA®		q.b.

Per la crema d'arancia:

arance		4
zucchero	g	200
semolino		q.b.

- Per fare la pasta procedete nel modo consueto. Setacciate la farina sulla spianatoia, creando la classica fontana e nell'alveo inserite i tuorli d'uovo e l'acqua. Quindi impastate energicamente con le mani fino a che la pasta non sarà diventata ben liscia. Coprite con un panno e lasciate riposare per 30 minuti.
- Passato questo tempo, staccate un primo pezzo di pasta e passatelo nella macchina, iniziando dallo spessore più alto fino ad arrivare a quello sottile. Una volta pronta, stendete la sfoglia di pasta sull'asse e mettete il ripieno di Nutella (che avrete fatto precedentemente indurire nel frigo): depositate piccole palline grandi come una nocciola a una distanza di 2 cm l'una dall'altra.
- Coprite il ripieno con il lembo di pasta e fate aderire bene premendo con il pollice disteso, affinché si attacchi bene. Quindi saldate i singoli agnolotti uno per uno con il pizzicotto, il famoso "plin".
- Usando la rotella dentata, tagliate prima tutta la fila degli agnolotti ottenuti, per poi separarli singolarmente con lo stesso arnese. Poneteli in frigorifero in un vassoio coperto con un canovaccio spolverato di semolino, affinché non si attacchino tra di loro.
- Procedete a preparare la crema di arancia. Pelate le arance evitando di asportare la parte bianca; fatele bollire per 5 volte cambiando l'acqua a ogni passaggio. Spremetele e fate bollire il succo ottenuto con lo zucchero e le scorze tritate finemente. Fate cuocere sino ad avere un composto caramelloso.
- A questo punto cuocete gli agnolotti, presi direttamente dal frigorifero, in acqua bollente per 90 secondi, scolateli e saltateli in padella con la crema di arance e una noce di burro. Servite ben caldo.

TENERONE
DI MANZO BRASATO E TAGLIATA ALLA GRIGLIA CON PORCINI TRIFOLATI E POLENTA ALLA NUTELLA

LIDIA BASTIANICH E FORTUNATO NICOTRA – FELIDIA (NEW YORK)

Suggerita da Lidia Bastianich e realizzata dal suo executive chef, Fortunato, è una polenta taragna friulana un po' "abbronzata". Il ricordo di Lidia per Nutella: «Sono venuta via dall'Italia quando non c'era ancora, l'ho conosciuta negli Stati Uniti come alternativa al *peanut butter*». E di Fortunato: «Le prime esercitazioni per decorare i dolci con un sac-à-poche, all'istituto alberghiero di Torino, le ho realizzate con Nutella, la più facile crema da spalmare...».

PER 4 PERSONE

Per il brasato:

tenerone di manzo	g	600
gambo di sedano		1
carota		1
cipolla		1
aglio		2 spicchi
rosmarino		1 rametto
concentrato di pomodoro		1 cucchiaio
porcini secchi	g	50
vino rosso	ml	120
brodo di manzo	ml	500
olio extravergine di oliva		4 cucchiai
sale e pepe		q.b.

Per la polenta taragna:

acqua	ml	250
farina di polenta taragna	g	100
crema NUTELLA®		4 cucchiaini
burro	g	50
Grana Padano grattugiato	g	50
foglie di alloro		1
sale grosso	g	5

Per la tagliata:

lombatello di manzo	g	450
sale marino		q.b.
olio extravergine di oliva		3 cucchiai
pepe nero		q.b.

Per i porcini trifolati:

porcini freschi mondati e affettati	g	200
spicchio di aglio schiacciato		1
olio extravergine di oliva		2 cucchiai
prezzemolo tritato		2 cucchiai

● Per il tenerone: ponete i funghi secchi in una scodella, copriteli con acqua tiepida e lasciate ammollare per circa 30 minuti. Mondate le verdure e gli odori e riducete a *brunoise*.
● In una casseruola con l'olio caldo rosolate la carne per 6-7 minuti, aggiungete la *brunoise* di verdure e stufate per 5-10 minuti; unite il concentrato di pomodoro, i funghi ben strizzati e continuate la cottura per 5 minuti. Sfumate con il vino rosso, coprite con il brodo di manzo e cuocete in forno a 180 °C per 2 ore. Sfornate, estraete la carne e frazionatela in 4 porzioni.
● A fuoco vivace fate ridurre il fondo di cottura fino a ottenerne la consistenza di una salsa.
● Preparate la polenta: in una pentola portate a ebollizione l'acqua salata e profumata con l'alloro. Versate a pioggia la farina e, rimestando di tanto in tanto, cuocete per 40 minuti. Togliete dal fuoco e condite con il burro, il Grana e la Nutella.
● Per la tagliata: salate e pepate il lombatello: cuocetelo su una griglia molto calda 3-4 minuti per lato. Fate intiepidire la carne, poi affettatela. Conditela con sale e olio.
● Per i porcini: in una padella antiaderente fate saltare i porcini per 2 minuti in olio caldo, aggiungete l'aglio, il sale e il prezzemolo. Lasciate cuocere per altri 2 minuti.
● In ogni piatto stendete a specchio due cucchiai di polenta taragna, sopra sistemate una porzione di tenerone, quindi due o tre fettine di tagliata. Nappate con la salsa e accompagnate con un cucchiaio di porcini trifolati.

NUTELLA
E PANE

MASSIMO BOTTURA – OSTERIA LA FRANCESCANA (MODENA)

Una creazione di alta cucina con protagonista la nocciola di Langa. E Massimo Bottura ricorda con un velo di nostalgia: «Da ragazzo giocavo a calcio nel Modena e una fetta di pane e Nutella era la riserva di energia. Adesso, dopo una serata stressante al ristorante, infilo ancora i miei grissini nel vasetto...».

PER 6 PERSONE

crema NUTELLA®	g	100
acqua di nocciole	g	100
gelatina Kappa		una punta di cucchiaino (un pizzico)

Per l'acqua di nocciole:

nocciole tonde gentili IGP Piemonte, pelate e tostate	g	500
zucchero	g	100
acqua naturale	g	500

lecitina	g	2
pane di farina biologica cotto in forno a legna		1 fetta

- Frullate le nocciole (tipo quelle del cioccolatiere torinese Guido Gobino) con lo zucchero in un mixer, quindi impastate bene. Aggiungete l'acqua e frullate ancora. Lasciate decantare per due giorni e, a questo punto, filtrate.
- Miscelate Nutella con l'acqua di nocciole, inserite il liquido ottenuto negli stampi di silpat per raviolini e congelate a -20 °C.
- Miscelate a una piccola parte di acqua di nocciole, la gelatina Kappa e portate a ebollizione. Togliete dal fuoco e quando il liquido ha raggiunto i 50 °C immergetevi i piccoli raviolini di Nutella congelati. Lasciate scongelare facendo molta attenzione.
- Affettate una fetta di pane (tipo quello del forno a paglia "Pane e salute" di Orsara di Puglia – Foggia), tostatela e frullatela con un goccio di acqua di nocciole.
- A questo punto, in un bicchiere da Martini inserite il pane alla base, l'acqua di nocciole, i ravioli di Nutella e per ultima l'"aria di nocciole" ottenuta emulsionando con un pizzico di lecitina l'acqua di nocciole.

SUNDAE

DI GELATO AL CAFFÈ E NUTELLA CON GRUÉ DI CACAO, CROUTON DI BRIOCHE, LIMONE CANDITO

JIMMY BRADLEY – THE RED CAT (NEW YORK)

Il *sundae* è un tipico gelato americano a base di frutta, generalmente consumato a colazione. Il suo nome deriva da *Sunday*, domenica, perché veniva preparato in un giorno da santificare e nel quale non si poteva mangiare un dolce troppo pesante. Bradley, che ama la cucina mediterranea e l'Italia, l'ha arricchito di Nutella: «L'ho conosciuta in Europa e non l'ho più lasciata...».

PER 8-10 PERSONE

Per il gelato al caffè:

latte intero	l	1
panna fresca liquida	l	1
chicchi di caffè miscela espresso	g	250
chicchi di caffè	g	625
tuorli d'uovo		27
zucchero	g	330
sale Kosher	g	15

Per le brioche con grué di cacao:

burro freddo a cubetti	g	125
uova intere		8
lievito fresco	g	25
zucchero	g	75
sale Kosher	g	18
farina 0	g	710
grué di cacao	g	250

Per il limone candito:

limoni interi		2
acqua	ml	750
zucchero	g	375

Per la panna montata e mascarpone:

panna liquida fresca	ml	500
mascarpone	g	250
sale Kosher	g	5
miele d'acacia	g	45
acqua	ml	750

Per completare:

crema NUTELLA®	g	180
banane mature		2

● Per il gelato al caffè: con uno sbattitore elettrico montate i tuorli con lo zucchero fino a renderli gonfi e spumosi. Versate il latte, la panna e i chicchi di caffè in una pentola a fondo spesso: ponete su fiamma dolce e appena raggiunge l'ebollizione togliete dal fuoco.

● Con una frusta a mano incorporate lentamente la miscela di latte allo sbattuto di tuorli. Rimettete su fuoco basso e mescolate con un cucchiaio di legno, finché la crema si addensa leggermente, quindi raffreddate in un bagnomaria ghiacciato.

● Ponete la crema in frigorifero per 12-24 ore; filtratela, poi inseritela nella gelatiera, seguendo le istruzioni del vostro apparecchio. Versate il gelato in un contenitore e conservate nel freezer.

● Preparate le brioche: riunite lo zucchero, il sale, la farina e 6 uova nel contenitore di un robot da cucina, azionate lentamente fino a ottenere un impasto omogeneo. Poi aggiungete 2 uova, il lievito, e poco per volta incorporate i cubetti di burro. Continuate a impastare, fino a quando il composto comincia a staccarsi dai bordi della ciotola. A questo punto amalgamate bene i grué di cacao.

● Lasciate riposare l'impasto, coperto da un canovaccio, per 1 ora, poi ponetelo in frigo per una notte. Quindi trasferite l'impasto in stampi per pane in cassetta, precedentemente imburrati. Lasciateli lievitare, coperti con un canovaccio, in un luogo caldo, finché non raddoppiano il volume.

● Infornate a 190 °C per 15 minuti, 180 °C per 20 minuti e

160 °C per 15 minuti, fino a quando non si forma una crosta marrone scuro.

- Sfornate i pani e lasciateli raffreddare completamente, quindi, con un coltello seghettato, rimuovete tutta la crosta e affettateli a cubetti da 1 cm. Disponete questi *crouton* su una teglia da forno e tostateli fino a renderli dorati.
- Preparate il limone candito. Con l'aiuto di un pelapatate, ricavate delle striscioline di buccia di limone e tagliatele a *julienne*. In un pentolino a fondo spesso portate a ebollizione l'acqua con lo zucchero: tuffate le *julienne* di limone e fatele sbollentare per qualche minuto. Scolatele e deponetele su una gratella per fare sgocciolare lo zucchero in eccesso.
- Per la panna montata e mascarpone, amalgamate tutti gli ingredienti in una grande ciotola, poi montate con una frusta a mano. Ponete in frigorifero fino al momento del servizio.
- In ogni bicchiere da *sundae* mettete sul fondo un cucchiaio di banane precedentemente tagliate a rondelle, poi a quarti. Aggiungete qualche scorzetta di limone candita. Ricoprite con un cucchiaio di Nutella (circa 15-20 g), una manciata di *crouton* di brioche e due cucchiai di gelato al caffè. Continuate a strati fino a riempire il bicchiere. Guarnite con la panna al mascarpone.

ROCHER
DI FEGATI DI CONIGLIO ALLA NUTELLA

TONINO CANNAVACCIUOLO – VILLA CRESPI (ORTA SAN GIULIO, NO)

Un bel gioco di citazioni, per questo appetizer che imita una pralina Ferrero. Una ricetta sfiziosa che Tonino Cannavacciuolo dedica a Nutella, ovvero «l'ingrediente dei primi capricci e dei primi furti... Adesso tutti se la possono permettere, ma quando ero bambino mi costringeva a diventare... ladro di Nutella nella dispensa dove veniva chiusa. Mamma aveva decretato: non più di un vasetto la settimana, e io ne ero golosissimo».

PER 6 PERSONE

fegati di coniglio	g	200
burro	g	120
panna liquida fresca	g	50
gelatina in fogli		½ foglio
crema NUTELLA®	g	50
sale e pepe		q.b.
Porto rosso	ml	25
Cognac	ml	25
granella di nocciole	g	200

● Riducete a dadini i fegatini di coniglio: poneteli in una terrina, salateli, pepateli e lasciateli a riposare per 20 minuti. Quindi saltateli in una padella con 20 g di burro a fiamma vivace, poi sfumate con il Porto rosso e il Cognac. Spegnete il fuoco e fate raffreddare.

● Trasferite le frattaglie in un frullatore: emulsionate aggiungendo a pezzetti, poco per volta, il rimanente burro ben freddo, la panna liquida e infine il mezzo foglio di gelatina precedentemente ammorbidito in acqua fredda per 10 minuti circa e strizzato. Riponete il composto ottenuto in frigorifero per qualche ora.

● Una volta rassodato, con l'apposito scavino ricavate delle palline della grandezza di una noce e con l'aiuto di una siringa da cucina, introducetevi mezzo cucchiaino di Nutella.

● Infine avvolgete ogni pallina con uno strato uniforme di granella di nocciole. Ponetele in frigorifero fino al momento del servizio, disponendole in un pirottino di carta.

CINGHIALE
IN DOLCEFORTE CON NUTELLA PER CONDIRE LE PAPPARDELLE

CESARE CASELLA – SALUMERIA ROSI (NEW YORK)

Il cinghiale in dolceforte è una delle specialità più antiche e classiche della cucina Toscana. Cesare Casella, che ha portato i piatti della sua Lucca a New York, ha voluto impreziosirlo con Nutella. Un modo per rendere omaggio, dice, al *made in Italy*: «Nutella è uno dei grandi prodotti italiani, nato dalla tradizione della crema di nocciole, che ha avuto un successo mondiale».

PER 4-6 PERSONE

pappardelle	g	500
polpa di cinghiale ridotta a cubetti	kg	1
sale Kosher e pepe		q.b.
farina	g	50
olio extravergine di oliva		4 cucchiai
cipolle tritate		2
carote tritate		2
gambi di sedano tritati		3
spicchi d'aglio tritati		2
rosmarino tritato		1 rametto
bacche di ginepro sbriciolate		7
foglie d'alloro secche		3
vino rosso	ml	500
brodo di carne o brodo vegetale	ml	2500

Per il dolceforte:

pinoli tostati	g	60
uvetta (ammollata in un bicchiere di vino rosso)	g	60
cioccolato fondente grattugiato	g	60
crema NUTELLA®	g	60
noce moscata		½ cucchiaino
zucchero		1 cucchiaio
aceto di vino rosso		2 cucchiai

- Insaporite i cubetti di cinghiale con sale e pepe, passateli nella farina scuotendone via l'eccesso.
- In una casseruola dal fondo spesso scaldate l'olio di oliva, aggiungete la carne e rosolatela per circa 5-7 minuti, rigirandola spesso, finché la superficie sarà completamente dorata. Aggiungete le cipolle, le carote, il sedano, l'aglio, il rosmarino, le foglie di alloro e le bacche di ginepro.
- Fate soffriggere finché la cipolla si velerà. Versate il vino rosso, coprite la pentola e lasciate cuocere a fuoco basso per 30 minuti. Salate e pepate. Per evitare che lo stufato risulti troppo asciutto, bagnate con qualche mestolino di brodo di carne o vegetale, poco per volta.
- Incorporate al cinghiale tutti gli ingredienti del dolceforte e cuocete per altri 30 minuti, sempre bagnando se necessario. Verso fine cottura, usando una frusta a mano, amalgamate la salsa ottenuta aggiungendo mezzo litro di brodo e rimettete sul fuoco per altri 15 minuti.
- Cuocete le pappardelle in abbondante acqua bollente salata, scolatele al dente, poi saltatele in una padella con il ragù di cinghiale al dolceforte.

PIZZA

CON NUTELLA, SALE GROSSO, RICCIO DI MARE E OLIO ALLE CLEMENTINE

MORENO CEDRONI – MADONNINA DEL PESCATORE (SENIGALLIA, AN)

Quando Moreno Cedroni incominciò la sua attività di ristorazione, offriva anche la pizza, nel suo locale sul mare Adriatico. Questa ricetta guarda con ironia a quegli anni, con un abbinamento sorprendente. Un omaggio, dice lo chef, a Nutella, che «fa parte della nostra infanzia collettiva. Anche mia figlia ne è una patita e mia moglie ogni tanto se ne concede un cucchiaino».

PER 20 PERSONE

Per 20 pizze da 50 g ciascuna:

farina 00	g	500
acqua	g	250
olio extravergine di oliva	g	15
zucchero	g	12
sale	g	12
lievito di birra	g	22

Per la farcia di ciascuna pizza:

crema NUTELLA®	g	50
riccio di mare (la polpa)		1
sale grosso di Cervia		un pizzico
olio alle clementine	g	15

- Quando ci apprestiamo a fare un impasto, è opportuno attenersi a questa semplice regola matematica che, prendendo in considerazione le differenze stagionali di temperatura di ogni ambiente di lavoro, consente di stabilire esattamente la temperatura dell'acqua da aggiungere al composto di farina.
- È stato calcolato un numero fisso che è 60 °C: questo valore rappresenta la somma totale data dalla temperatura dell'ambiente di lavoro più quella della farina più quella del liquido. Ad esempio: in inverno, se la temperatura del laboratorio è 14 °C e quella della farina 12 °C, per differenza la temperatura dell'acqua dovrà essere di 34 °C.
- Dopo aver impastato tutti gli ingredienti lasciate lievitare la massa per circa 30 minuti. Dopo di che tirate la pasta a uno spessore di 5 mm circa. Coppate delle pizzette di 10 cm di diametro.
- Fatele ancora lievitare per circa 15 minuti, bucherellatele e infornatele a 200 °C per 10 minuti finché assumeranno un bel colore dorato.
- Tagliate ogni pizzetta a metà in senso orizzontale: farcitela con due cucchiai di Nutella, disponete al centro la polpa di un riccio di mare, richiudete e irrorate con olio alle clementine e qualche chicco di sale grosso di Cervia.

CIABATTA
ALLA NUTELLA CON BANANA CARAMELLATA

ENRICO E ROBERTO CEREA – DA VITTORIO (BRUSAPORTO, BG)

Un dessert ricco e intrigante, nato da una forma di pane della tradizione italiana, la ciabatta. Enrico e Roberto: «Nutella in casa c'è sempre e spesso la si affronta con il cucchiaio. Le siamo legati, nonostante qui i dolci non manchino. E a volte, alla sera, finito il servizio, può scappare la trasgressione dal vasetto...».

PER 4 PERSONE

Per il panino alla Nutella:

ciabatta di pane fresco		1
latte	g	200
crema NUTELLA®	g	100
zucchero di canna	g	100
burro	g	50
tuorli d'uovo		2
liquore alla banana	ml	200
rhum vanigliato	ml	200
vaniglia		1 stecca

Per la banana caramellata:

banane non troppo mature		1
zucchero	g	100
scorza di limone		1
succo d'arancia		1
burro		una noce
vaniglia		1 stecca

Per il sorbetto alla banana:

banane		3
sciroppo di zucchero	g	150
succo di limone		½
noce moscata		½ cucchiaino da caffè

● Per il panino: con un coltello a sega tagliate la parte centrale di una ciabatta, in modo da ricavarne un panino rettangolare (10-12 cm di lunghezza, 5-6 cm di larghezza e 3-4 cm di spessore) e privatelo completamente della crosta. Ponetelo in freezer per 15-30 minuti, il tempo necessario affinché la mollica si rassodi ma sia ancora possibile inciderla con una lama.

● Togliete il panino dal freezer e tagliatelo orizzontalmente a metà. Nel centro di ciascuna delle due fette di pane ottenute scavate una piccola fossetta profonda non più di 1 cm e riempitela di Nutella. Spennellate la mollica circostante con 1 tuorlo d'uovo leggermente sbattuto e fate combaciare le due fette ricomponendo il panino.

● In una insalatiera preparate una zuppa sbattendo un tuorlo con il latte profumato dai semi della stecca di vaniglia, il liquore alla banana e il rhum vanigliato. Inzuppate il panino da entrambi i lati. Raccogliete il panino con una schiumarola e mettetelo in freezer a congelare per almeno 30 minuti: trascorso questo tempo, estraetelo e lasciatelo a temperatura ambiente per 10-15 minuti.

● Adagiate il panino in una padella antiaderente e fatelo dorare con il burro, quindi disponetelo su un piatto. In un padellino fate caramellare lo zucchero di canna, poi versatelo delicatamente sul panino.

● Per la banana caramellata: sbucciate la banana e tagliatela a metà per la lunghezza. In un padellino fate caramellare lo zucchero semolato, aggiungete la noce di burro, la stecca di vaniglia e infine la scorza grattugiata del limone e il succo d'arancia. Rimestate gli ingredienti per qualche istante. Con questo caramello condite la banana.

● Per il sorbetto alla banana: frullate tre banane con lo sciroppo di zucchero, il succo di limone e la noce moscata. Mettete il composto nella gelatiera.

● Presentazione del piatto: su un piatto disponete il panino ancora tiepido, adagiandovi sopra la banana caramellata e accanto una quenelle di sorbetto di banane. Servite subito.

TORTA GIFFONESE

SALVATORE DE RISO – SALDERISO (MINORI, SA)

Un omaggio di Salvatore De Riso alla Tonda dei Monti Picentini, la nocciola di Giffoni IGP, che si sposa molto bene con la Nutella. Dice il pasticciere campano: «Mia figlia Anastasia vuole portarsi a scuola le vaschette di Nutella per la merenda... e a me tornano alla mente le giornate sulla spiaggia da ragazzi, con gli amici: si concludevano sempre con una spalmata sul pane».

PER 8 PERSONE

Per la pasta frolla alle nocciole di Giffoni:

farina 00	g	400
burro	g	240
zucchero a velo	g	160
nocciole tostate di Giffoni in polvere	g	100
uova		1
albumi d'uovo		1
lievito	g	4
sale		q.b.
vaniglia delle Isole Bourbon		1 bacca

Per il ripieno alle nocciole di Giffoni:

burro	g	150
zucchero a velo	g	150
uova		3
nocciole di Giffoni in polvere	g	150
sale	g	2
buccia di arancia grattugiata		½

crema NUTELLA®	g	200
granellini di nocciole tostate		q.b.

- Montate il burro con lo zucchero a velo, miscelate le nocciole in polvere, poi aggiungete l'uovo, l'albume, il lievito, il sale e la bacca di vaniglia. Unite la farina e impastate come fareste per una normale pasta frolla. Lasciate riposare la pasta in frigo per qualche ora.
- Preparate il ripieno: montate leggermente il burro con lo zucchero a velo, il sale e la buccia di arancia. Unite poco per volta le uova e le nocciole in polvere.
- Preparate la torta: stendete la pasta frolla a circa ½ cm di spessore in una tortiera di 22 cm di diametro. Farcite con il ripieno alle nocciole di Giffoni fino a ¾ del bordo. Infornate in forno già caldo a 170 °C per circa 35 minuti. Lasciate raffreddare la torta.
- Togliete dalla tortiera, posizionate il dolce su un piatto di portata e decorate di Nutella con l'aiuto di un sacchetto per decorazioni con una punta riccia, formando delle onde.
- Cospargete sul bordo dei granellini di nocciole tostate.

MILLEFOGLIE
DI STRANOCCIOLA E NUTELLA

GENNARO ESPOSITO E VITTORIA AIELLO – TORRE DEL SARACINO (MARINA DI SEIANO, VICO EQUENSE, NA)

Una crema di stranocciola dalla doppia tostatura, con l'aroma esaltato dalla Nutella. Gennaro Esposito: «È entrata nel quotidiano di tutte le famiglie, l'invenzione della Nutella è stata come l'uovo di Colombo... Sono più portato ai gusti salati, ma l'ho incominciata a conoscere già nel laboratorio di mio zio pasticciere, in grandi barattoli da cinque chilogrammi. Indimenticabile».

PER 4 PERSONE

crema NUTELLA®	g	150
frutti di bosco		q.b.
zucchero a velo		q.b.

Per la crema di stranocciola (300 g):

zucchero	g	63
tuorli d'uovo		2
latte	g	250
maizena	g	35
nocciole di Giffoni pelate e tostate due volte	g	70
vaniglia		1 bacca

Per le cialde rettangolari (20):

zucchero a velo	g	50
burro	g	50
farina 00	g	50
albumi d'uovo		1

- Mettete le nocciole pelate e ben tostate nel bicchiere del mixer e trituratele finemente, fino a ridurle in polvere.
- In un tegame a fondo spesso sbattete i tuorli con lo zucchero, aggiungete la maizena, il baccello di vaniglia e il latte. Mescolate con un cucchiaio di legno e portate a ebollizione per ottenere una crema liscia e vellutata. Spegnete subito, lasciate raffreddare, poi incorporate le nocciole tritate.
- Preparate le cialde: in una terrina sbattete leggermente l'albume con lo zucchero a velo, unite il burro e la farina, quindi amalgamate. Foderate una placca con carta da forno e stendetevi uniformemente il composto con uno spessore di 2 mm. Ritagliate dei rettangoli di 3,5x7 cm e cuocete a 200 °C per 3-4 minuti. Sfornate e lasciare raffreddare.
- Componete il dolce come una millefoglie, alternando le cialde a uno strato di ciuffetti di crema di stranocciola a uno di Nutella. Decorate con qualche frutto di bosco e una spolverata di zucchero a velo.

TORTA
DOLCE RICORDO

GINO FABBRI – PASTICCERIA GINO FABBRI (BOLOGNA)

Una torta nel sapore della tradizione, creata dal pasticciere Gino Fabbri. Che torna indietro nel tempo: «Nutella? L'ho vista nascere, negli anni Sessanta: è piaciuta subito ed è sempre migliorata, grazie a una continua evoluzione della qualità produttiva. Ma se questo è un giudizio professionale, non voglio dimenticare la gratificazione che offre nei momenti di depressione e la soddisfazione per il palato».

PER 6 PERSONE

crema NUTELLA®	g	150
farina 00	g	100
burro	g	100
zucchero	g	100
tuorli d'uovo	g	75
albumi d'uovo	g	50
lievito per dolci in polvere	g	8
vaniglia		1 baccello
granella di nocciole		q.b.
nocciole intere		q.b.
zucchero a velo		q.b.

- In una ciotola sbattete energicamente con la frusta i tuorli con 75 g di zucchero fino a ottenere una spuma soffice e chiara. Aprite in due il baccello di vaniglia, estraetene i semi e mescolateli al composto.
- In una casseruola a fondo spesso ponete Nutella e burro: lasciateli fondere in un bagnomaria caldo oppure al microonde, quindi fate raffreddare.
- In un'altra ciotola montate gli albumi a neve con lo zucchero rimasto.
- Unite al battuto di tuorli e zucchero la farina a cucchiaiate e il lievito, quindi incorporate delicatamente gli albumi montati a neve.
- Imburrate e infarinate una tortiera di 22-24 cm di diametro, versate il composto e cuocete in forno caldo a 160-170 °C per circa 30 minuti.
- Sfornate e, una volta raffreddata completamente, sformate la torta su un piatto di portata: spolverizzate con zucchero a velo e decorate la superficie con ciuffi di Nutella e nocciole intere.
- Arricchite con granella di nocciole sul bordo laterale.

GELATO ALLA NUTELLA E I SUOI ELEMENTI

GUIDO MARTINETTI E FEDERICO GROM – GROM (TORINO)

Una ricetta dall'inventore di una grande catena di gelati di qualità, da realizzare con la gelatiera di casa. Guido Martinetti: «Da ragazzo facevo gare di triathlon: corsa, nuoto, ciclismo. Una disciplina dura, e quando finivo mi regalavo sempre una merenda a base di Nutella, che alternavo a qualche crema gianduia di pasticceria. Perché "lei" è unica, è un prodotto geniale, dalla palatabilità inimitabile».

PER 4 PERSONE (500 G)

latte intero	g	330
crema NUTELLA®	g	120
panna	g	20
zucchero di canna	g	35
granella di nocciola Tonda Gentile del Piemonte	g	20
granella di cioccolato (meglio se Ecuador setacciato a piccole scaglie di 4-5 mm)	g	20

- Mettete il latte, unito alla panna, in una casseruola e portate il composto vicino al punto di ebollizione (85 °C).
- Con la fiamma a fuoco basso aggiungete prima Nutella, poi lo zucchero; mescolate lentamente fino a completo scioglimento. Mettete la miscela così ottenuta in frigo a raffreddare.
- Prima di servire, trascorse almeno un paio d'ore, mettete la miscela nel mantecatore. Poco prima del termine della mantecatura, aggiungete la granella di nocciola e quella di cioccolato.

SOUFFLÉ
ALLA NUTELLA

IGINIO MASSARI – PASTICCERIA VENETO (BRESCIA)

Dal maestro dei maestri pasticcieri italiani, una ricetta classica e semplicissima: la magia dell'uovo sbattuto che si trasforma dentro il forno. Spiega Iginio Massari: «È da sempre il cibo premio, il trofeo della fanciullezza. E poi Nutella è nata dall'abilità di un artigiano che ha avuto l'intuito di commercializzarla al momento giusto. Apprezzo l'industria alimentare, quando non è soltanto *business*».

PER 4 PERSONE

crema NUTELLA®	g	100
burro	g	20
sale	g	2
albume d'uovo	g	50
zucchero	g	15
zucchero a velo		q.b.

- Lasciate ammorbidire il burro, per qualche tempo, a temperatura ambiente, quindi montatelo fino a ottenere la consistenza di una pomata.
- Usando una frusta elettrica, montate a neve ben soda gli albumi con il pizzico di sale, aggiungendo gradualmente lo zucchero semolato fine.
- In una terrina mescolate Nutella al burro lavorato e amalgamate.
- Unite delicatamente i due composti, incorporando, un cucchiaio alla volta, gli albumi a neve alla crema di burro e Nutella. Abbiate cura di mescolare con cautela, dal basso verso l'alto, per non smontare l'impasto.
- Distribuite il composto ottenuto in quattro piccole pirofile o in quattro stampini da soufflé ben imburrati e inzuccherati.
- Spolverate i dessert con lo zucchero a velo prima di porli in forno a cuocere a 180 °C per 7 minuti. Sfornate e servite subito ancora caldi.

CODA DI MANZO
BRASATA, RADICCHIO, NUTELLA

TONY MAY E MATTEO BERGAMINI – SD26 (NEW YORK)

Un piatto principale, con la carne che viene resa più stuzzicante da una salsa sorprendente. Nel ristorante di Tony May, grande pioniere dell'alta cucina italiana negli Stati Uniti, c'è ora con lui il giovane executive chef Matteo Bergamini: «Nutella è il ritorno all'infanzia, a quando ero piccolo. Qui negli Stati Uniti l'ho ritrovata con piacere, usata specialmente nei gelati, ed è stata una gioia! Sì, Nutella è Nutella...».

PER 4 PERSONE

code di manzo		2
pancetta stagionata	g	80
brodo vegetale	ml	500
prezzemolo	g	30
carota		1
cipolla		½
spicchio d'aglio		1
coste di sedano		2
cespo di radicchio rosso		1
nocciole tostate	g	20
uvetta passa	g	30
crema NUTELLA®	g	40
olio extravergine di oliva	ml	100
vino bianco	ml	120
concentrato di pomodoro		2 cucchiai
rametto di timo		1
sale e pepe		q.b.

Per decorare:

granella di nocciole tostate	g	15
grué di fave di cacao	g	15

● Mondate e tritate finissimi il prezzemolo, l'aglio, la cipolla e la carota.

● Disossate le code di manzo, legatele con il filo alimentare, salatele e pepatele leggermente. Sbianchitele per pochi istanti in acqua bollente.

● In una casseruola ponete la pancetta ridotta a dadini, il trito di aromi e verdura, l'olio e lasciate soffriggere per pochi minuti. Unite la carne e fatela rosolare finché acquisterà un leggero colorito; poi bagnate con il vino bianco. Lasciate evaporare e versate il concentrato di pomodoro sciolto precedentemente nel brodo vegetale. Incoperchiate la casseruola e cuocete a fuoco basso per circa 3 ore.

● A cottura ultimata, estraete la carne dalla pentola e unite alla salsa di cottura il sedano precedentemente pelato e ridotto a *brunoise*, l'uvetta passa, le nocciole spezzate a metà e la Nutella. Amalgamate bene. Tagliate a spicchi il radicchio e grigliatelo in forno.

● Disponete in ogni piatto due fettine di coda nappate con la salsa preparata. Accanto adagiate due spicchi di radicchio grigliato.

● Decorate con foglie di sedano, una sottile riga di Nutella e un'altra parallela di fine granella di semi di cacao e nocciole.

MILLEFOGLIE
DI FOIE GRAS AFFUMICATO CON NUTELLA E CILIEGIE

FABRIZIA MEROI – LAITE (SAPPADA, BL)

«Mi solleticava l'idea di realizzare un piatto salato un po' inusuale, che può essere sia un antipasto sia un pre-dessert. La Nutella fa parte dei miei ricordi d'infanzia. Oggi è mia figlia Elena a essere particolarmente ghiotta di una mia versione: le cucino speciali omelette alla Nutella, che lei mangia a qualunque ora del giorno».

PER 4 PERSONE

foie gras d'oca affumicato	g	200
crema NUTELLA®	g	60
zucchero di canna	g	50
Per la composta di ciliegie:		
ciliegie denocciolate	g	100
zucchero	g	30
pectina	g	20
Per decorare:		
sale di Maldon	g	5

● Affettate sottilmente il foie gras utilizzando la lama di un coltello ben affilata e immersa per qualche istante in acqua bollente.

● Rivestite l'interno di un piccolo stampo da *plum cake* con un foglio di pellicola alimentare trasparente, stendendola bene. Sul fondo dello stampo disponete uno strato di fettine di foie gras, pareggiate e con l'aiuto di una spatola stendete un sottile velo di Nutella. Procedete con altri strati di fettine di foie gras ricoperte di Nutella, terminando con uno strato di foie gras.

● Sigillate con un foglio di pellicola alimentare, premete leggermente per compattare la preparazione e ponete in frigorifero per almeno 2 ore.

● Intanto approntate la composta di ciliegie: in una casseruola versate le ciliegie con la pectina e cuocete a fuoco vivace per 2 minuti, poi sempre mescolando aggiungete lo zucchero e ultimate la cottura per altri 3 minuti. Lasciate raffreddare.

● Eliminando la pellicola, sformate la terrina di foie gras e Nutella e suddividetela in quattro porzioni. Impiattate e spolverizzate la superficie di ognuna con zucchero di canna che andrete a caramellare con la fiamma di un cannello.

● Servite con alcuni cucchiaini di composta di ciliegie e qualche granello di sale di Maldon.

ALBICOCCHE
GELATINATE, NOCCIOLO DI NUTELLA E PANE

DAVIDE PALLUDA – ENOTECA (CANALE, CN)

Il sapore dell'infanzia per una proposta dall'effetto-sorpresa. Davide Palluda confessa: «Tutto nasce negli anni Ottanta, quando avevo nove anni. Trascorrevo le vacanze estive in un campeggio sulla riviera Ligure. Giocavo con un ragazzo che a merenda mangiava albicocche e Nutella. Sono stato contagiato: da allora, tutte le estati, ripeto quel rito».

PER 4 PERSONE

albicocche mature e sode		12
crema NUTELLA®		12 cucchiaini
pane casereccio		12 mezze fette
purea di albicocche	g	150
gelatina alimentare	g	3
succo di lime		1 cucchiaino
zucchero	g	20
menta		12 foglie

- Sbollentate per qualche istante le 12 albicocche intere, poi raffreddatele immediatamente in acqua e ghiaccio. Pelatele con delicatezza e dividetele a metà con un coltellino affilato. Denocciolatele e riempite l'alveo del nocciolo con Nutella. Quindi richiudetele, dando loro la forma originale, e mettetele in frigorifero.
- Riscaldate 50 g di purea di albicocche con il succo di lime e lo zucchero, poi fatevi sciogliere la gelatina alimentare precedentemente ammollata e strizzata. Unite il composto alla restante purea di albicocche mescolando con cura.
- Estraete le albicocche dal frigorigero e passatele uniformemente nella salsa gelatina preparata: riponetele quindi in frigorifero, fino a quando la gelatina che le ricopre non si sia completamente rappresa. A questo punto ripassate una seconda volta le albicocche nella gelatina rimasta e rimettetele nuovamente a raffreddare.
- Al momento del servizio guarnite le albicocche con le foglie di menta e disponetele su un vassoio accompagnandole con le fette di pane tostate.

DOLCEAMARO
DI NUTELLA CROCCANTE

MARCO PARIZZI – PARIZZI (PARMA)

Un dessert irresistibile ispirato al cioccolatino Rocher, un cilindro morbido dal cuore alle nocciole. Marco Parizzi ammette: «Per un goloso come me, la Nutella da bambino costituiva un'attrazione fatale. Mi capitava di mangiarla direttamente dal coltello, invece di spalmarla sul pane. Altro che cucchiaio... ma ai ragazzi oggi dico: non fatelo!».

PER 10 PERSONE

Per i cilindri di mousse al cioccolato:

latte	g	100
panna fresca liquida	g	600
cioccolato fondente al 70%	g	500
cioccolato fondente al 56%	g	250
burro a temperatura ambiente	g	250
rhum	g	25
bacche di vaniglia		1
colla di pesce per alimenti		2 fogli

Per la marmellata agli agrumi:

scorze di arance e di limoni	g	30
carote		1
arance pelate a vivo	g	500
limoni pelati a vivo		1
zucchero	g	325

Per la guarnizione di frutta secca:

frutta secca (fichi, datteri, albicocche)	g	500
acqua	g	500
zucchero	g	100
cannella		1 stecca

Per la ganache di Nutella:

crema NUTELLA®	g	300
panna liquida	g	50
paillette feuilletine (cialdine sbriciolate)	g	50

- In una casseruola versate il latte, 100 g di panna fresca liquida e una bacca di vaniglia. Mettete in un bagnomaria caldo e, mescolando, portate a 80 °C.
- Togliete dal fuoco e aggiungete il cioccolato fondente al 56%, spezzettato, il rhum, il burro, il cioccolato fondente al 70%, ridotto a pezzetti, e infine la colla di pesce precedentemente ammollata in acqua fredda per 10 minuti, poi strizzata. Fate sciogliere bene ogni ingrediente e amalgamate.
- Semi-montate i 500 g di panna rimasta, poi incorporatela delicatamente al composto di cioccolato. Ponetelo in frigorifero per 15-20 minuti affinché si rapprenda un po' e possa essere modellato. Quindi formate 10 cilindri di 8-10 cm di altezza e praticate con un coltellino sottile un foro centrale del diametro di ½ cm. Sistemate i cilindri in frigorifero a fate rassodare per almeno 4-5 ore.
- Sbucciate la carota, tagliatela a pezzi, poi frullatela per qualche secondo con le scorze degli agrumi. Unite la polpa delle arance e del limone pelati a vivo e versate in un pentolino con lo zucchero. Fate bollire per 40 minuti a 90 °C fino a ottenere la consistenza di una marmellata.
- Portate a ebollizione l'acqua con lo zucchero e la cannella. Aggiungete la frutta secca e cuocete per due minuti. Lasciate raffreddare a temperatura ambiente per almeno 1 ora.
- Amalgamate, in un pentolino, Nutella con la panna. Scaldate fino a 50 °C per ottenere una ganache cremosa e vellutata, quindi unite le cialdine sbriciolate.
- Ponete al centro di ogni piatto da dessert un cilindro di mousse al cioccolato fondente e riempite il foro centrale con la ganache alla Nutella, lasciandone fuoriuscire un poco.
- Guarnite con la marmellata agli agrumi e la frutta secca.

PANE,
PICCIONE, NUTELLA E FOIE GRAS

GIANCARLO PERBELLINI – PERBELLINI (ISOLA RIZZA, VR)

Un piatto salato con la Nutella. D'altronde sarebbe stato troppo facile presentare un dolce, per il "re dei dessert". La crema di nocciole per Giancarlo Perbellini rimane un punto di riferimento assoluto: «Per me, è come un "timbro" che non mi ha mai lasciato: quando creo un dolce voglio che sia sfizioso come la Nutella, deve lasciare la stessa intensità e golosità...».

PER 4 PERSONE

piccioni		4
pane toscano		8 fette molto sottili (tagliate con l'affettatrice)
fondo di vitello	ml	100
farina di mais	g	50
scalogno tritato	g	20
foie gras d'oca	g	100
crema NUTELLA®	g	25
pasta di tartufo	g	15
cacao amaro in polvere	g	3
olio extravergine di oliva		q.b.
sale e pepe		q.b.
vino bianco		q.b.
vino Marsala		q.b.
riduzione di vino rosso		q.b.
rosmarino		2 rametti
salvia		alcune foglie

- Preparate una polenta: portate a leggera ebollizione 270 ml di acqua salata e versate a pioggia la farina di mais, mescolando con una frusta. Cuocete per 40 minuti.
- Pulite i piccioni: con l'apposito coltellino staccate le cosce e praticate un'incisione sullo sterno dei volatili; apriteli e ricavatene le interiora e i petti disossati con cura. Con le carcasse preparate un fondo di cottura.
- Condite le cosce con sale, pepe, olio e rosmarino. Ponetele in un tegame e cuocetele in forno preriscaldato a 160 °C per 20 minuti, quindi disossatele e riducetele a pezzetti. Pulite i fegatini, i cuori, gli stomaci (precedentemente aperti) e tagliateli a cubetti.
- Preparate un ragù: in una casseruola imbiondite lo scalogno con un filo d'olio, rosolatevi le regaglie (senza i fegatini), poi aggiungetevi la carne delle cosce cotte in precedenza. Sfumate il tutto con vino bianco e Marsala, unendo un goccio di riduzione di vino rosso, un rametto di rosmarino e le foglie di salvia.
- A parte, con un filo d'olio, cuocete a fuoco vivace i fegatini, scolateli dal loro grasso, poi uniteli al ragù preparato. Bagnate con il fondo di vitello e continuate la cottura per 10 minuti.
- Condite i petti di piccione con sale e pepe, rosolateli in padella su entrambi i lati in olio ben caldo. Lasciateli riposare per 5 minuti, poi scaloppateli a fette sottili.
- Passate al setaccio il foie gras crudo, amalgamatelo con Nutella, pasta di tartufo, cacao. Salate e pepate.
- Disponete in ogni fondina due fette di pane toscano precedentemente rosolate in olio e rese croccanti. Spalmate ogni fetta con un velo di crema di foie gras e Nutella. Sopra, adagiatevi fettine di petto di piccione e glassate con il fondo di cottura delle carcasse.
- Accompagnate con una spuma di polenta realizzata con il sifone (dotato di due cariche) e con due cucchiai di ragù di cosce e regaglie.

NUTELLA,
CIOCCOLATO, LIQUIRIZIA

VALERIA PICCINI – CAINO (MONTEMERANO, GR)

Un elegante e raffinato dessert elaborato con diverse consistenze. Valeria Piccini ha ricordi dolcissimi: «Nelle sere d'inverno, quando le giornate si accorciano, abbiamo l'abitudine al ristorante di cenare tutti insieme alle 18.30, prima del servizio. E poi, a mezzanotte, a volte ci va di fare uno spuntino con una fetta di pan brioche tostato spalmato di Nutella...».

PER 6 PERSONE

Per le pailette feuilletine:

farina	g	30
zucchero	g	30
latte	g	125
burro	g	30
uovo		1
sale	g	5
stecca di vaniglia		½

Per la base croccante:

pralinato alla nocciola	g	125
crema NUTELLA®	g	125
cioccolato al latte 40%	g	125
pailette feuilletine	g	125

Per la mousse:

zucchero	g	65
acqua	g	25
uova	g	175
cioccolato al latte al 40%	g	75
cioccolato fondente 70%	g	220
burro fuso	g	65
panna montata	g	300

Per il sorbetto ai frutti esotici:

succo di frutto della passione	g	100
succo d'arancia	g	100
succo di carota	g	100
succo di limone	g	50
zucchero	g	75
glucosio	g	75
vino bianco	g	50
stecca di vaniglia		½
peperoncino		½
anice stellato		3

Per la salsa alla liquirizia:

zucchero	g	100
glucosio	g	20
acqua	g	50
polvere di liquirizia	g	10
cacao in polvere	g	8

Per lo Streusel di mandorle e cacao:

burro	g	25
farina	g	25
zucchero di canna	g	25
granella di mandorle	g	25
cacao in polvere	g	12

● Per le *pailette feuilletine*: scaldate il latte con il burro.
● A parte, in una ciotola preparate una pastella: sbattete con una frusta a mano l'uovo con lo zucchero, la farina, il sale, i granellini di vaniglia, poi incorporate a filo il latte intiepidito.
● Scaldate in forno a 170 °C una teglia rettangolare di 25 per 35 cm, antiaderente, imburrata: versate un mestolino di pastella e cuocete per circa 15 minuti. Ripetete l'operazione fino a esaurimento dell'impasto.
● Sfornate le crespelle e ritagliatene dei rettangoli di 5 per 10 cm. Arrotolateli su se stessi e, posti su una placca, rimetteteli in forno a seccare per 10 minuti a 120 °C.
● Preparate la base croccante: spezzettate il cioccolato al latte, poi fondetelo in un bagnomaria tiepido. Lasciate un po' raffreddare, poi amalgamatelo al pralinato alla nocciola, alla Nutella e alle *pailette feuilletine* finemente sbriciolate. Spalmate il composto ottenuto su una teglia a uno spessore di 0,5 cm e ponete in frigorifero per almeno 1 ora.

● Per la mousse: preparate uno sciroppo, versando l'acqua e lo zucchero in un casseruolino e mescolando portate, a fuoco basso, fino a 121 °C. Versatelo a filo su i tuorli montandoli con le fruste elettriche per qualche minuto.

● A parte, sciogliete insieme in un bagnomaria appena caldo il cioccolato al latte, il cioccolato fondente e il burro, dopo averli spezzettati. Fate raffreddare, poi incorporate questa crema ai tuorli montati. Quindi aggiungete, poco per volta, delicatamente, la panna montata. Spalmate la mousse sul croccante e conservate in frigorifero per almeno 3 ore. Poi porzionate il dolce ricavando dei quadrati di circa 5 cm di lato.

● Preparate il sorbetto: riunite tutti gli ingredienti in un capiente padellino, scaldateli su fuoco basso e rimestate fino a completo scioglimento degli zuccheri. Filtrate e lasciate ben raffreddare, poi passate in sorbettiera a mantecare.

● Per la salsa alla liquirizia: fate caramellare lentamente lo zucchero e il glucosio.

● A parte, sciogliete nell'acqua il cacao e la liquirizia, poi, versando a filo, incorporate la miscela ottenuta al caramello, amalgamando fino a ottenere una salsa.

● Per lo Streusel: lavorando con le mani impastate la farina, la granella di mandorle, il burro morbido e lo zucchero. Stendete la pasta ottenuta su un silpat e cuocete a 160 °C per 20 minuti. Sfornate e, una volta raffreddata, sbriciolatela bene e spolverizzatela di cacao.

● Con l'aiuto di un biberon stendete nel piatto da dessert due linee parallele di salsa alla liquirizia. Sopra, disponetevi due quadrati di croccante con mousse al cioccolato e intorno guarnite con briciole di Streusel al cacao. Accanto, adagiate delle piccole quenelle di sorbetto ai frutti esotici.

SORRISO

GIOVANNI PINA – PASTICCERIA PINA (TRESCORE BALNEARIO, BG)

Una torta che regala un sorriso, dalle diverse consistenze. Il pasticciere Gianni Pina ha una testimonianza familiare: «Le mie due figlie, a volte, fanno merenda con pane e Nutella. Con un padre pasticciere... mangiano soltanto biscotti e dolci del laboratorio. Ma Nutella c'è sempre in casa: non si può togliere un momento di festa».

PER 6 PERSONE

Per il pan di Spagna al cacao senza farina:

albume d'uovo	g	120
zucchero (per montare l'albume)	g	80
tuorlo d'uovo	g	100
zucchero (per montare i tuorli)	g	80
cacao	g	50

Per la crema leggera al cioccolato al latte e Nutella:

panna	g	100
crema NUTELLA®	g	50
cioccolato al latte	g	50
gelatina animale	g	10

Per il cioccolato rotto in grani:

cioccolato fondente al 70%	g	70

- Montate l'albume con lo zucchero. A parte, in un'altra terrina, sbattete i tuorli con lo zucchero, poi incorporateli nell'albume montato. Unite infine il cacao al composto e con la miscela ottenuta modellate, usando un sacchetto da pasticceria, due dischi del diametro di 18 cm e dello spessore di 4 mm. Cuocete 15 minuti a 170 °C.
- Fate ammorbidire la gelatina in acqua fredda. Scaldate la panna a 60 °C e scioglietevi Nutella, il cioccolato al latte e la gelatina ammorbidita. Passate tutto al minipimer. Rivestite il fondo di un anello da pasticceria della misura di 18 cm di pellicola trasparente, versate 300 g del composto ottenuto e mettete in frigorifero.
- Lasciate riposare per 2 ore, finché il composto si sarà rassodato. Versate la crema leggera rimanente in una terrina, coprite con pellicola trasparente e fate riposare in frigorifero per due ore, finché il composto sarà rassodato.
- Con un coltello sminuzzate il cioccolato fino a raggiungere pezzi della misura di un chicco di riso. Setacciate il cioccolato sgranato per eliminare la polvere prodotta durante la frantumazione.
- Sul fondo di una tortiera ad anello apribile, di altezza 3,5 cm e diametro 18 cm, adagiate uno strato di pan di Spagna al cacao senza farina. Appoggiate su questa base il disco di crema leggera al cioccolato e Nutella, precedentemente preparato. Cospargete con il cioccolato in granella e ricoprite con il secondo disco di pan di Spagna.
- Montate sbattendo energicamente con una frusta la crema leggera precedentemente riposta nella terrina e riempite lo stampo fino all'estremità superiore, avendo cura di lisciare accuratamente.
- Lasciate riposare in frigorifero per almeno 1 ora, staccate l'anello e decorate a piacere. Servite la torta a una temperatura di 5-6 °C.

SEMIFREDDO
ALLA NUTELLA

VITO POLOSA – AROMA KITCHEN & WINEBAR (NEW YORK)

Un ricco dessert dall'aspetto invitante. Vito Polosa racconta con nostalgica ironia un episodio della sua infanzia in Basilicata: «A colazione avevo diritto a mezza fetta di pane, con un sottile strato di Nutella... poi mia madre metteva il barattolo sotto lucchetto. Quando lei riceveva le sue amiche ed era distratta, io riuscivo a trovarne la chiave e a sbafarmi una razione supplementare. Una volta però fui colto in flagrante... e sai che "mazzate"!».

PER 6 PERSONE

Per il semifreddo:

panna liquida da montare	ml	590 (2 ½ cups)
tuorli d'uovo		6
zucchero	g	100 (½ cup)
crema NUTELLA®		3 cucchiaini da tè

Per i biscotti alle noci:

farina	g	70
burro morbido	g	75
zucchero	g	75
gherigli di noce tritati	g	50
lievito per dolci in polvere	g	7
tuorli d'uovo (grandi)		2

Per guarnire:

ricotta fresca	g	200
zucchero di canna	g	50

Per decorare:

amaretti	g	100
tavoletta di cioccolato gianduia	g	100

- Per il semifreddo: in un'ampia scodella montate la panna con metà dello zucchero.
- A parte, con le fruste elettriche, sbattete i tuorli con il rimanente zucchero finché saranno chiari e spumosi. Delicatamente, usando una spatola in silicone, incorporate poco per volta la panna montata ai tuorli sbattuti, poi i 3 cucchiaini di Nutella tenuta a temperatura ambiente.
- Amalgamate con un leggero e lento movimento rotatorio dal basso verso l'alto, affinché non si smonti, poi suddividete il composto in 6 stampi cilindrici in silicone di diametro 5 cm e alti 4 cm. Poneteli in congelatore per circa 4 ore.
- Preparate i biscotti alle noci: setacciate la farina con il lievito. In una terrina, con le fruste elettriche montate per 5 minuti i tuorli con lo zucchero, poi incorporate il burro cremoso, la farina con il lievito e infine il trito di noci.
- Con l'ausilio di un matterello stendete l'impasto su un foglio di carta da forno o un silpat a uno spessore di 2-3 mm. Ritagliate, con un coppa pasta, 6 dischetti di diametro 5 cm e altrettanti di 6,5 cm. Poneteli in frigorifero per 1 ora, poi cuoceteli al forno a 160 °C per 10-12 minuti.
- Nel bicchiere del mixer tritate finemente gli amaretti e riduceteli quasi in polvere.
- In una scodella, con una frusta a mano, sbattete per qualche minuto la ricotta con lo zucchero.
- Spezzettate il cioccolato, poi mescolando scioglietelo a bagnomaria.
- Qualche minuto prima di servire il dessert, disponete in un angolo di ogni piatto (meglio rettangolare) un biscotto alle noci di diametro 6,5 cm. Sopra, sformate un semifreddo, poi sovrapponete un biscotto di 5 cm di diametro. Sull'altro lato del piatto adagiate una quenelle di ricotta, decorata a piacere con fili di cioccolato fuso. Infine, al centro, disegnate una sottile onda di polvere di amaretti.

TRAMEZZINI
ALLA NUTELLA CARAMELLATI CON GELATINA DI MANDARINO AL PEPE DI SZECHUAN E CREMA DI YOGURT E ZAFFERANO

NICOLA E PIERLUIGI PORTINARI – LA PECA (LONIGO, VI)

I fratelli Portinari hanno creato un dessert ispirato al classico pane e Nutella, con una nota esotica. E raccontano: «Tutti e due ancora adesso, a quarant'anni, andiamo di cucchiaio. E poi c'è un modo di gustare la Nutella che piace all'intera famiglia: sulla pizza, quando si va fuori a mangiare».

PER 4 PERSONE

Per la torta con cui realizzare i tramezzini:

pane da tramezzini		1 confezione
panna	g	250
crema NUTELLA®	g	250
uova		1
tuorli d'uovo		2
zucchero a velo		q.b.

Per la gelatina di mandarino:

succo di mandarino	g	200
zucchero	g	20
pepe di Szechuan		10 bacche
buccia di mandarino non trattato		1
colla di pesce	g	3

Per la crema di yogurt e zafferano:

yogurt	g	250
panna	g	100
zucchero	g	100
tuorli d'uovo		4
zafferano		10 pistilli

- In una terrina frullate e amalgamate la panna, Nutella, l'uovo intero e i due tuorli e mettete il composto in freezer a raffreddare per 30 minuti.
- Foderate una teglia da forno di 20 cm di diametro e 3-4 cm di altezza con una pellicola trasparente per alimenti, in modo che gli ingredienti non vengano a contatto con la teglia.
- Ricoprite uniformemente il fondo con il pane in cassetta, poi stendetevi sopra il composto con Nutella estratto dal freezer. Formate quindi un ulteriore strato con il pane restante.
- Avvolgete completamente la torta con la pellicola. Cuocete a vapore a 90 °C per circa 1 ora (la torta deve risultare compatta). Fatela raffreddare in frigorifero per almeno 3 ore, togliete la pellicola, tagliate a fette triangolari, cospargete di zucchero a velo e gratinate sotto il grill fino a caramellare lo zucchero.
- Versate in un pentolino il succo del mandarino zuccherato, scaldate a 50 °C, togliete dal fuoco, poi aggiungete le bacche di pepe e la buccia di mandarino, lasciando in infusione per circa 1 ora.
- Trascorso questo tempo, filtrate il succo, fatelo intiepidire a 40 °C e scioglietevi accuratamente la colla di pesce in precedenza ammollata in acqua fredda, poi strizzata. Versate il composto in uno stampo rotondo alto 2 cm circa e fate rassodare in frigorifero.
- Intanto preparate la crema di yogurt e zafferano: miscelate quindi gli ingredienti con una frusta e cuocete, come per la crema inglese, a 85 °C, mescolando con una spatola.
- Al momento di portare in tavola tagliate la torta a fette e servite in piatti da dessert, con la gelatina di mandarino e accompagnando con 2-3 cucchiai di crema di yogurt e zafferano.

FIORI DI ZUCCHINA
FARCITI DI RICOTTA E NUTELLA SU ZUPPETTA TIEPIDA AL RHUM

ANTONELLA RICCI – AL FORNELLO DA RICCI (CEGLIE MESSAPICA, BR)

Un antipasto dolce-salato fresco e gustoso. Antonella Ricci ha un ricordo ben preciso di Nutella, quando, a fianco di papà Angelo e mamma Dora, incominciava a dare una mano nella trattoria di famiglia: «Per me Nutella era "la" festa, l'unico modo per potermi avvicinare alla cioccolata... quando ero bambina. E ora le mie due figlie continuano a chiedermela con la stessa golosa aspettativa».

PER 4 PERSONE

fiori di zucchina		8
ricotta di latte vaccino	g	150
crema NUTELLA®	g	30
riso soffiato	g	20
uova		2
pane al latte grattugiato	g	200
scaglie di mandorle pelate	g	30
olio extravergine di oliva	l	1

Per la zuppetta:

crema NUTELLA®	g	50
panna fresca liquida	g	10
rhum	g	10
sale		q.b.

Per decorare:

foglie di menta		4 ciuffi
zucchero a velo		q.b.

- Eliminate il gambo ai fiori di zucchina e lavateli rapidamente sotto un filo d'acqua. Asciugateli con delicatezza su un canovaccio, allargateli un pochino e staccate il pistillo interno. Quindi lasciateli sgocciolare bene, capovolti su carta assorbente da cucina.
- Setacciate la ricotta, poi amalgamatevi Nutella e il riso soffiato. Introducete la crema ottenuta in una tasca da pasticciere e farcite i fiori, avendo cura di richiuderli bene. Passateli prima nello sbattuto d'uova, poi nel pane grattugiato precedentemente miscelato con scaglie di mandorle. In una capiente padella scaldate l'olio a 180 °C: immergetevi i fiori di zucchina e friggeteli finché saranno dorati. Scolateli con un cucchiaio forato e poneteli su un doppio foglio di carta assorbente da cucina.
- Per la zuppetta: mescolate tutti gli ingredienti in un pentolino a fondo spesso, poi fate scaldare, in un bagnomaria caldo, fino a ottenere la consistenza di una salsa.
- Nappate il centro di ogni piatto con due cucchiai di zuppetta tiepida, adagiatevi due fiori di zucchina farciti e croccanti, spolverizzateli con pochissimo zucchero a velo e decorate con un ciuffo di foglie di menta.

PIADINA
ALLA NUTELLA

ROBERTO RINALDINI – PASTICCERIA RINALDINI (RIMINI)

Una tradizionale piada romagnola al cacao, con la morbida crema all'interno, preparata dal giovane e famoso gelatiere-pasticciere. Roberto va indietro con la memoria: «Nel cortile dove abitavo da ragazzo c'era una zia che me la dava dal balcone, quando giocavo con gli amici, per merenda. E poi Nutella è sempre rimasta nelle abitudini di noi atleti, era una riserva di energia».

PER 4 PERSONE

Per la piadina:		
farina 00	g	500
cacao in polvere	g	15
crema NUTELLA®	g	15
zucchero	g	5
sale	g	10
olio extravergine di oliva	ml	130
acqua	ml	200
lievito in polvere	g	5

Per la farcia:		
crema NUTELLA®	g	200
fragole fresche tagliate a fettine	g	150

- Su un piano di lavoro disponete la farina, il lievito e il cacao a fontana, amalgamate con una piccola parte di acqua e aggiungete i restanti ingredienti, rendendo la pasta liscia e ben omogenea. Avvolgetela in un canovaccio e lasciatela riposare per circa 30 minuti.
- Formate delle palline di 90 g circa ciascuna, tiratele con l'aiuto del matterello, formando dei dischi di circa 25 cm di diametro.
- Sulla riviera romagnola le piadine a questo punto vengono cotte sul "testo", un'apposita piastra circolare da scaldare sul fuoco. A casa si possono utilizzare padelle in ferro o da crêpes. Saranno pronte cuocendole un minuto per parte, mantenendo il fuoco costante, senza sbalzi, e bucando la piadina con la forchetta per evitare bruciature.
- Preparate ora la farcia: disponete la piadina su un tagliere. Farcite con uno strato di Nutella ricoperto con fragole fresche tagliate a fettine. Poi adagiate un'altra piadina appena calda e tagliate a spicchi.
- Servite in tavola direttamente sul tagliere.

NUTELLA, PANE E FINOCCHIO

NIKO ROMITO – REALE (RIVISONDOLI, AQ)

Un dolce-non-dolce del talentuoso chef abruzzese, che nella sua cucina ricerca il lusso della semplicità, con il finocchio che dà freschezza. Niko ricorda: «Il nostro rito si compiva la domenica sera. Con le mie sorelle ci si riuniva intorno a un tavolo... La mamma arrivava con il vasetto di Nutella e il pane: a noi pareva un diamante».

PER 4 PERSONE

finocchi puliti	g	400
latte	g	800
panna liquida o, meglio, crema di latte fresca	g	100
zucchero	g	140
miele di castagno	g	40
crema NUTELLA®	g	400
acqua	g	250
cannella		½ stecca
anice stellato in polvere	g	1
pane raffermo cotto in forno a legna	g	300
zucchero a velo		q.b.
cialda di cioccolato e frutta secca		q.b. per guarnire

- In una capiente terrina disponete i finocchi ben puliti, asciugati e tagliati in maniera grossolana. Fate bollire il latte, versatelo sui finocchi, e lasciate il tutto in infusione per 12 ore in un luogo fresco.
- Trascorso questo tempo, filtrate il latte aromatizzato dai finocchi. In un casseruolino a fiamma molto bassa fate scaldare la panna, unite lo zucchero, il miele e mescolate con un cucchiaio di legno fino a completo scioglimento.
- Aggiungete questo composto al latte aromatizzato filtrato, amalgamate bene e ponete nella gelatiera a mantecare.
- Portate a ebollizione l'acqua con la stecca di cannella e l'anice stellato, spegnete e lasciate raffreddare in infusione per un paio d'ore.
- Successivamente, incorporatela poco a poco, e delicamente, alla Nutella e stemperate fino a ottenere una consistenza sciroppusa.
- Tagliate il pane a fette, meglio a forma rettangolare di spessore 1 cm circa, grigliatelo su una piastra rovente, poi gratinatelo al forno cosparso di zucchero a velo. Inzuppate il pane nel composto di Nutella.
- A questo punto prendete quattro piatti fondi, versate alla base di ciascuno la rimanente zuppa di Nutella, adagiatevi una fettina di pane e sopra una bella pallina di gelato al finocchio.
- Decorate il piatto con una cialda di cioccolato e frutta secca caramellata.

PANE
E NUTELLA

ALFREDO RUSSO – DOLCE STIL NOVO ALLA REGGIA (VENARIA, TO)

In questo piatto, Nutella è tiepida e liquida, con un sentore salato. Alfredo Russo spiega: «Mi ispiro al pane e Nutella dei ricordi d'infanzia, quando la nonna in un cortile di Torino mi chiamava su in casa, dopo aver giocato con gli amici, per la merenda. Anche mia figlia Carlotta non se la nega, nonostante tutti i dolci che può trovare nel nostro ristorante».

PER 4 PERSONE

Per il brodo di Nutella:		
crema NUTELLA®	g	150
latte	g	450
Per la crema di arachidi:		
arachidi tostate e salate	g	100
Per il sorbetto di arance:		
arance tarocco		4
mandarini		2
limoni		1
zucchero	g	80
glucosio	g	20
pane casereccio a dadini		q.b.
aceto balsamico di Modena		poche gocce
olio extravergine di oliva		1 cucchiaio
fior di sale		un pizzico

- Mettete le arachidi in uno stampo di silicone e copritele a filo con poca acqua. Mettete in freezer a congelare per almeno 2 ore, fino a quando si presenterà come un blocco ghiacciato.
- Preparate il sorbetto di arance: miscelate lo zucchero e il glucosio con il succo degli agrumi, poi ponete in frigorifero per 2 ore. Trascorso questo tempo, mantecate nella gelatiera.
- Fate intiepidire il latte, poi frullatelo con Nutella e lasciatelo riposare per 40 minuti.
- Sformate il blocco ghiacciato di arachidi e grattugiatelo utilizzando una grattugia per verdure crude. Raccogliete in una ciotola la purea densa e liscia ottenuta (questa operazione può essere evitata impiegando, invece, un Pacojet professionale).
- Al momento del servizio fate arrostire il pane tagliato a cubetti piccoli in una padella antiaderente con olio extravergine di oliva e qualche granello di fior di sale. In un piatto fondo disponete il pane, quindi adagiate una quenelle di morbido sorbetto decorata con poche gocce di aceto balsamico e, a parte, un cucchiaino di crema di arachidi.
- Finite il piatto in tavola versando il brodo tiepido di Nutella con una piccola salsiera.

CLAFOUTIS
ALLE PERE CON NUTELLA

PAOLO SACCHETTI – PASTICCERIA CAFFÈ NUOVO MONDO (PRATO)

Un dessert della tradizione francese, da un pasticciere toscano. Confessa Paolo Sacchetti: «Siccome ero il coccolino della famiglia, potevo spalmare Nutella sul pane in tutta libertà. Adesso mio figlio Andrea spesso mi lancia un segnale preciso, quando la mangia: il pane gli piace soltanto così».

PER 6 PERSONE

pere Williams		2
crema NUTELLA®	g	180
Per la pasta:		
zucchero a velo	g	50
burro	g	75
farina 00	g	120
tuorli d'uovo		1
baccello di vaniglia		½
buccia di arancia grattugiata		1
sale		un pizzico
Per la farcia:		
uova		2
zucchero	g	80
panna liquida	g	250

- Mescolate per pochi istanti il burro con lo zucchero a velo, e successivamente incorporate il sale, la vaniglia e la buccia di arancia. Amalgamate bene il tuorlo al composto, quindi fate prendere delicatamente la farina e impastate quel tanto che basta affinché sia omogeneo.
- Avvolgete la pasta nella pellicola e riponetela in frigorifero per una notte, in modo da far macerare gli ingredienti. Stendete la pasta e con essa foderate completamente, compreso il bordo, uno stampo da crostata di 22 cm di diametro e alto 3 cm.
- Sbucciate due pere Williams ben mature da 180-200 g ciascuna, tagliatele in 12 spicchi longitudinali: disponeteli a raggiera sulla superficie della pasta.
- Per la farcia: sbattete le uova con lo zucchero, aggiungete la panna, sbattete di nuovo e versate il composto sulle pere in modo da riempire la tortiera fino all'orlo. Mettete in forno a 180 °C per circa 30 minuti.
- Una volta tiepida sfornate e ricoprite in superficie con 180 g di Nutella.

SOFFICE
MORBIDO E CROCCANTE A BICCHIERE

VITTORIO SANTORO – CAST ALIMENTI (BRESCIA)

Il croccante di nocciole ha una nota dolce-salata, che rende particolare questo bicchiere di alta pasticceria creato dal direttore di Cast Alimenti. Vittorio Santoro non rinuncia a un pensiero: «Per noi ragazzi, era il dolce della domenica. In famiglia c'erano cinque maschi e una femmina: Nutella diventava una festa autentica, con il pane pugliese dalla fragranza indimenticabile».

PER 10 PERSONE

Per la mousse al mascarpone:

mascarpone	g	250
panna semimontata	g	150
meringa all'italiana (da preparare con: zucchero g 150, albume d'uovo g 90, acqua g 45)	g	150

Per i tartufini di marroni e Nutella:

marrons glacés lavati in acqua corrente, asciugati e passati allo schiacciapatate	g	125
burro morbido	g	30
crema NUTELLA®	g	40
Cognac XO	g	15

Per la crema alla Nutella:

crema inglese (vedi nel testo della ricetta)	g	300
panna semimontata	g	250
crema NUTELLA®	g	170
gelatina animale	g	10

Per il croccante di nocciole:

sale	g	25
albume d'uovo	g	20
granella di nocciole tostate e sbucciate	g	250
burro	g	20
zucchero	g	250
sciroppo di glucosio	g	200

● Preparate la meringa all'italiana: scaldate l'acqua e lo zucchero a 121 °C, versate a filo sugli albumi precedentemente montati e fate raffreddare muovendo molto lentamente la frusta.

● Sbattete il mascarpone, poi incorporate a cucchiaiate alterne la meringa italiana e la panna semimontata. Miscelate il Cognac con purea di marroni, burro morbido e Nutella, realizzando un composto liscio e di consistenza media. Ponete a raffreddare, quindi formate tanti piccoli tartufini di 1-2 g l'uno.

● Preparate la crema inglese con 400 g di panna, 150 g di latte, 150 g di tuorli, 100 g di zucchero e ¼ di bacca di vaniglia. Fate bollire la panna e il latte con la vaniglia. Sbianchite i tuorli con lo zucchero, miscelate con i liquidi e portate a 85 °C sbattendo con una frusta sul fuoco. Ammollate e strizzate la gelatina, poi versatela nella crema inglese tiepida. Unitevi Nutella, poi la panna.

● Versate in una ciotola la granella di nocciole tostate e sbucciate, amalgamandola con l'albume e il sale. Lasciate asciugare stendendo il composto su una placca da forno a 50 °C per una notte, o a 110 °C per 1 ora.

● Formate un caramello senz'acqua, con lo zucchero e il glucosio, lasciandoli sciogliere sul fuoco e rimestando di tanto in tanto. Nel caramello sciolto, di colore chiaro, versate la granella di nocciole che avrete precedentemente scaldato a 70 °C circa. Miscelate sul fuoco fino a giusto colore.

● Togliete dal fuoco, aggiungete il burro e stendete il composto caramellato su un foglio di silicone o su marmo imburrato, dando uno spessore di circa ½ cm. A raffreddamento avvenuto, sbriciolate e formate una granella media.

● Prendete un bicchiere tipo tumbler da 200 cc, ponete sul fondo uno strato di mousse al mascarpone, fino a raggiungere quasi la metà del bicchiere. Inserite una parte di croccante di nocciole e i tartufini; versate la crema alla Nutella fino a riempire quasi il bicchiere.

● Cospargete infine con la restante parte di croccante spezzettato.

TOAST
ALLA NUTELLA E POMODORO (MÈC COMBAL)

BARBARA E DAVIDE SCABIN – COMBAL.ZERO (RIVOLI, TO)

Nel piatto dei creativi fratelli Scabin l'acidità del pomodoro contrasta con il dolce del *parfait*. Davide: «Oggi a volte diventa un cibo notturno. Amo un modo particolare di gustare Nutella: realizzo una sorta di millefoglie con i crackers salati spalmati di crema, poi la tuffo nel caffelatte a colazione. È un sogno». Barbara: «È buona in tanti modi, come sulla polenta del giorno dopo...».

PER 4 PERSONE

Per il *parfait*:

crema NUTELLA®	g	250
albume d'uovo fresco	g	60
zucchero	g	100
panna fresca liquida	g	50

Per il pane tostato:

pane in cassetta	4 fette
olio extravergine di oliva	q.b.
sale grosso	un pizzico
pepe nero	un pizzico

Per il guazzetto di semi di pomodoro all'arancia e basilico:

pomodori di Porto Palo o di Pachino (di dimensione media)		2-3
succo d'arancia filtrato	g	30
olio extravergine di oliva non eccessivamente forte		q.b.
basilico		4 foglioline
sale grosso		q.b.
pepe nero		q.b.

- Unite l'albume allo zucchero. Riscaldate a bagnomaria il composto fino a raggiungere una temperatura di 60 °C, poi montate in planetaria (impastatrice elettrica) fino a raffreddamento (intorno ai 30 °C), ottenendo così una base di meringa.
- Sciogliete Nutella in un forno a microonde (intorno ai 30 °C), poi incorporatevi la panna leggermente montata.
- Unite i due composti ottenuti, amalgamandoli delicatamente con una spatola. Foderate degli stampini circolari di acciaio, del diametro di 6 cm e di 2,5 cm di altezza, con acetato o con carta da forno e colmateli di miscela per il *parfait*. Abbattete immediatamente a – 18 °C. Ricordatevi, al momento del servizio, di lasciarli a temperatura ambiente per qualche minuto.
- Preparate il pane in cassetta eliminandone la crosta esterna e, con un tagliapasta circolare, ricavate dei dischi di 6 cm di diametro (lo stesso diametro del *parfait*). Passate ogni disco di pane in una padella ben calda con olio extravergine, salando e pepando leggermente a fine cottura.
- Lavate e tagliate a metà i pomodori. Con un cucchino da tè estraete la gelatina interna con i semi e mettetela in una scodella. Aggiungetevi il succo di arancia filtrato, due foglie di basilico spezzettate con le mani, mescolate e condite con poco sale, pepe e olio extravergine di oliva. Correggete con un poco di zucchero l'eventuale eccessiva acidità del pomodoro.
- Sformate il *parfait* e disponetelo tra due dischi di pane tostato ancora caldo. Versate 2 cucchiai del guazzetto di semi di pomodoro al centro di un piatto fondo e adagiatevi il "toast" di pane e Nutella. Condite con il succo rimanente, aggiungete una *julienne* sottile di basilico e servite immediatamente.

NUTELLA
E GRISSINI

EMANUELE SCARELLO – AGLI AMICI (GODIA, UD)

Fuori c'è un involucro alla Nutella, dentro i grissini. Così lo chef Emanuele Scarello, guida dei JRE italiani, rende omaggio ai suoi ricordi: «Siamo cresciuti a grissini e Nutella. Magari, oggi, qualche sera si va di cucchiaio. Anche mia moglie Flavia, quando era incinta, non sapeva resistere e diceva: "Vuoi vedere che nostro figlio nasce con la voglia di Nutella?" Così è stato».

PER 4 PERSONE

crema NUTELLA®	g	300
acqua	g	150
agar-agar	g	3
grissini torinesi sbriciolati		8
olio extravergine di oliva	g	250
lecitina di soia	g	2
fior di sale		q.b.

- Idratate l'agar-agar con l'acqua e portate a 85 °C, poi unitevi Nutella e fate raggiungere il bollore. Versate il composto in una placca, cercando di ottenere uno strato molto sottile. Fate raffreddare.
- Tagliate la "sfoglia" con il coppapasta da 6 cm, disponete al centro una piccola quantità di grissini sbriciolati, poi chiudete a raviolo.
- Scaldate l'olio, unitevi la lecitina, poi emulsionate il tutto ottenendo così un'aria.
- Per la presentazione del piatto disponete al centro tre ravioli, adagiatevi una cucchiaiata di aria d'olio e qualche granello di fior di sale.

WAFER
DI FEGATO GRASSO DI ANATRA E NUTELLA CON SHOT DI KIR ROYAL

MAURO ULIASSI – ULIASSI CUCINA DI MARE (SENIGALLIA, AN)

Un originale *amuse-bouche* offerto da uno chef innovativo e ironico: il wafer va gustato bevendo di botto il cocktail. Mauro Uliassi torna indietro alla giovinezza: «Era un rito quasi erotico: dopo i locali, la notte, si andava sulla spiaggia e si spalmava... La Nutella, oggi per me è soltanto con i cracker e allora non conto più le cucchiaiate».

PER 15 WAFER

pasta di nocciole	g	50
crema NUTELLA®	g	25
pralinato di nocciole	g	25
burro	g	25
fegato grasso di anatra	g	200
olio al tartufo bianco	g	10
cialde di wafer		q.b.
sale		q.b.
aceto balsamico		q.b.
sale di Maldon		q.b.
Champagne	cl	2
Cassis		3 gocce

- Rosolate il fegato grasso in padella, poi passate tutti gli ingredienti (Nutella, il pralinato, la pasta di nocciole, l'olio al tartufo e il fegato arrostito) al Bimbi; aggiustate di sale, poi setacciate.
- Montate il composto in un bagnomaria con ghiaccio, utilizzando il minipimer, poi stendetelo in uno stampo rettangolare di cm 25x17,5 e alto 3 mm. Quindi abbattetelo in congelatore.
- A parte, tagliate delle cialde di wafer (si trovano nei negozi specializzati di pasticceria) delle dimensioni di cm 2,5x5.
- Estraete il composto gelato e tagliatelo delle stesse dimensioni delle cialde.
- Componete il wafer utilizzando, a strati, tre cialde e due rettangoli di farcia gelata, rifiniti con una piccola riga di aceto balsamico. Spolverizzate con un poco di sale di Maldon e servite subito con lo shot di Kir Royal.
- Per il cocktail Kir Royal: versate sul fondo di un piccolo bicchiere da grappa tre gocce di Cassis, poi aggiungete due dita di Champagne.

BONBON
DI FEGATO D'ANATRA, NOCCIOLE E NUTELLA CON PESCHE E GELATINA MORBIDA DI RECIOTO

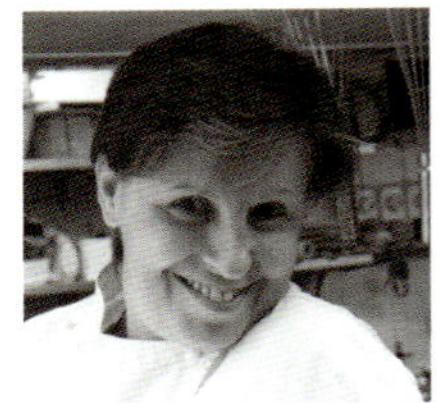

LUISA VALAZZA – AL SORRISO (SORISO, NO)

Un insolito antipasto dolce-salato dedicato da Luisa Valazza al barattolo che le regala «...la pace dei sensi... Per me una cucchiaiata di Nutella, quando la rabbia ti esce da tutti i pori, te la fa rientrare. Quando ne compro un vasetto, è irresistibile: devo vederne il fondo. Poi ti senti felice, tranquilla, è una soddisfazione massima».

PER 4 WAFER

nocciole Igp Piemonte sgusciate e tostate	g	50
pesche (meglio qualità "noce")		2
crema NUTELLA®	g	150
pasta sfoglia fresca	g	200

Per la terrina di fegato d'anatra:

fegato d'anatra fresco	g	300
Martini Dry		1 cucchiaio
Cognac		2 cucchiai
zucchero di canna		1 cucchiaio
albicocche secche		6-7
sale e pepe		q.b.

Per la gelatina di Recioto:

vino Recioto	ml	500
fogli di gelatina		1

Per decorare:

Pesca noce		1

- Pulite il fegato d'anatra dal grasso, tagliatelo a pezzi, ponetelo in una terrina e irroratelo con il Martini Dry e il Cognac. Condite con lo zucchero di canna, sale, pepe e lasciate marinare per 12 ore.
- Trascorso questo tempo, passate al setaccio, poi stendete l'impasto ottenuto su un foglio di carta di alluminio formando un rettangolo dello spessore di 1 cm. Al centro disponete le albicocche secche spezzettate. Quindi arrotolate su se stesso, sigillate bene i bordi e cuocete in forno a 80 °C vapore per 30 minuti. Raffreddate subito in acqua e ghiaccio. Eliminate la pellicola d'alluminio e porzionate la terrina di fegato d'anatra in quattro rondelle.
- Per la gelatina morbida: scaldate il Recioto e mescolando scioglietevi il foglio di gelatina precedentemente ammorbidito in acqua fredda. Lasciate raffreddare, poi frullate.
- Mondate le pesche e riducetele a dadini.
- Stendete la pasta sfoglia (potete utilizzare quella pronta esistente in commercio), ritagliate 4 quadrati di 8 cm di lato e cuoceteli in forno a 180 °C per 8-10 minuti.
- Spalmate di Nutella le rondelle di terrina di fegato, poi cospargetele uniformemente con le nocciole tritate grossolanamente.
- Al momento dell'impiattamento stendete al centro di ogni piatto 2 cucchiai di gelatina morbida di Recioto. Con l'aiuto di un coppapasta di 6-7 cm di diametro, disponete uno strato di dadini di pesche. Adagiate un quadrato di sfoglia croccante, poi sovrapponete una rondella di fegato d'anatra.
- Decorate a piacere con fettine di pesca noce.

FRAGO-CIOCC

ILARIO VINCIGUERRA – ILARIO VINCIGUERRA RESTAURANT (GALLIATE LOMBARDO, VA)

Un dessert che offre sorprendenti e frizzanti sensazioni al palato. Per Ilario Vinciguerra la Nutella ha un lato particolarmente seducente: «Nel 2003 avevo già aperto questo ristorante e invitai a cena Marika, che era stata allieva di un mio corso di cucina. Me ne ero innamorato e per conquistarla quella sera le preparai una torta al cioccolato con il cuore morbido di Nutella. Con lei ho coronato il mio sogno d'amore: oggi è mia moglie ed è responsabile della sala nel nostro locale».

PER 4 WAFER

crispy al cioccolato	g	60
burro	g	80
Per il gelato:		
latte fresco intero	l	1
zucchero	g	200
crema NUTELLA®	g	600
fogli di gelatina ammorbiditi in acqua fredda e strizzati		2
uova		3
Per il croccante di nocciole:		
nocciole intere sgusciate e tostate	g	200
zucchero	g	100
Per il coulis di fragole:		
fragole fresche	g	400
zucchero	g	180
foglie di menta		5
Per il disco di pan di Spagna:		
zucchero	g	250
farina	g	150
fecola di patate	g	50
bustina di lievito per dolci in polvere		½
uova		4
Per decorare:		
fogliolíne di timo		q.b.
ciuffetti di foglie di menta		4
baccelli di vaniglia		4

● Per il gelato: amalgamate insieme tutti gli ingredienti, lasciate riposare la miscela in un abbattitore a -20 °C per tre ore, poi montatela al Pacojet.

● Per il croccante: ponete lo zucchero in un padellino a fondo spesso. Fatelo caramellare su fuoco dolce, quindi unite le nocciole, poi, ancora caldo, stendete il composto su un foglio di carta da forno. Lasciate ben raffreddare e quando sarà completamente indurito frantumatelo a pezzettini con un matterello.

● Per il *coulis*: mondate le fragole e dopo averle ridotte a dadini fatele saltare a fuoco vivo in una padella con lo zucchero per pochi minuti. Profumate con le foglie di menta finemente tritate e lasciate raffreddare.

● Preparate il pan di Spagna: con le fruste elettriche montate per alcuni minuti le uova con lo zucchero fino a renderle gonfie e spumose. Fate cadere a pioggia, poco alla volta, la farina precedentemente setacciata con il lievito e la fecola di patate. Versate l'impasto in una tortiera imburrata di 25 cm di diametro e cuocete in forno a 180 °C per 25 minuti.

● Sformate il pan di Spagna e con l'ausilio di due coppapasta, rispettivamente di 7 e 4 cm di diametro, ricavate quattro ciambelline alte 3 cm. Poco prima del servizio fate dorare dolcemente, a fuoco molto basso, ogni ciambellina in 20 g di burro.

● Composizione del piatto: distribuite sul fondo due cucchiai di *coulis* di fragole ben fredda, sopra posizionate una ciambellina dorata ancora calda, guarnite di croccante di nocciole tritato e crispy al cioccolato (Peta Zeta, un prodotto della Sosa). Profumate con qualche fogliolina di timo. Infine adagiate una quenelle di gelato.

● Decorate con un baccello di vaniglia e un ciuffetto di foglie di menta.

PIZZA S'MORE

JONATHAN WAXMAN – BARBUTO (NEW YORK)

Una pizza alla Nutella che nasce da un tipico dolcetto americano, gli "s'mores", che si fanno nei campi scout attorno al fuoco con i marshmallow, originali caramelle a base di zucchero e malva. "Some mores" è un modo di dire che battezza anche un cracker, significa "non se ne ha mai a sufficienza...". Jonathan Waxman ha realizzato due ghiotte pizze che ricordano quel dolce, e di Nutella dice: «Mio figlio Alexander se la mangia tutti i giorni a colazione, ma con la pizza è fantastica...».

PER 2 PIZZE

farina biologica	g	250
lievito di birra	g	15
birra	ml	30
miele		1 cucchiaio
olio extravergine di oliva		1 cucchiaio
crema NUTELLA®	g	250
marshmallow		12
lamponi	g	250

Per decorare:

zucchero a velo		q.b.
cacao in polvere		q.b.

- Preparate la pasta per pizza: in una ciotola mescolate in 125 g di acqua tiepida il lievito di birra, la birra, e il miele.
- Su una spianatoia disponete a fontana la farina setacciata. Al centro, create una fossetta in cui andrete a versare delicatamente la tiepida miscela preparata. Lavorando prima con una forchetta, incorporate a poco a poco la farina, poi impastate direttamente con le mani fino a formare una morbida palla. Lasciatela lievitare, a temperatura ambiente, per due ore, coperta con un canovaccio da cucina.
- Quindi dividete l'impasto in due parti uguali e stendendo ognuna con il matterello realizzate due basi rotonde di pasta per pizza. Cuocetele separatamente in forno preriscaldato a 260 °C per 3 minuti.
- Rimuovetele dal forno e spalmatene la superficie di Nutella.
- Distribuite 6 marshmallow su ogni pizza, poi infornatele nuovamente finché i marshmallow si saranno completamente sciolti. Sfornate e decorate con i lamponi. Infine spolverizzate con zucchero a velo e cacao in polvere.
- Se volete, invece di due pizze grandi, potete creare delle mini-pizze come nell'immagine, ritagliando dalla pasta piccole porzioni individuali.

DOLCE DOGE

ANDREA ZANIN – PASTICCERIA ZANIN (MESTRE-VENEZIA)

Il dessert del noto pasticciere veneziano è dedicato alla sua città, con tanti golosi strati. Ammette Andrea Zanin: «In famiglia ne siamo tutti golosi. Ricordo che una sera vado in cucina, guardo in dispensa per concedermi l'ultimo cucchiaino... e scopro che mio figlio aveva compiuto la classica operazione di asportazione del barattolo, lasciando soltanto un velo sulle pareti. Ma come potevo sgridarlo?».

PER CIRCA 30 MIGNON

crema NUTELLA®	g	400
Per il pan di Spagna alle mandorle:		
farina di mandorle bianche	g	350
farina 00	g	100
uova intere	g	500
burro fuso	g	100
zucchero	g	100
Per la crema leggera alla vaniglia:		
zucchero a velo	g	180
burro morbido	g	250
latte concentrato	g	50
vaniglia		2 bacche
liquore di vaniglia	g	30
Per lo sciroppo al rhum:		
acqua	g	200
zucchero	g	200
rhum invecchiato almeno 7 anni	g	80
Per la glassatura:		
cioccolato fondente al 70%	g	400

- Preparate il pan di Spagna: mescolate la farina di mandorle con lo zucchero, aggiungete le uova e amalgamate bene. Unite anche la farina setacciata e il burro fuso a 30 °C.
- Disponete tre fogli di carta da forno di cm 20x30: stendete su ognuno di essi 300 g circa del composto preparato e cuocete in forno ventilato a 200 °C per 10 minuti.
- Per la crema leggera alla vaniglia: mescolate il burro morbido con lo zucchero a velo, quindi montatelo a mano con un frustino. Aggiungete il latte concentrato, la vaniglia e il liquore di vaniglia; mescolate bene.
- Procedete alla preparazione dello sciroppo: portate a bollore l'acqua con lo zucchero. Spegnete e aggiungete il rhum.
- Disponete su un piano di lavoro un foglio di pan di Spagna inzuppato con lo sciroppo al rhum e ricopritelo con uno strato di crema leggera alla vaniglia.
- Sovrapponete un altro foglio di pan di Spagna inzuppato e ricopritelo con uno strato di 200 g di Nutella. Finite con un ultimo foglio di pan di Spagna e lisciate tutto il dolce con la restante crema leggera alla vaniglia, amalgamata con 200 g di Nutella.
- Fate raffreddare il dolce. Tagliatelo in rettangoli di cm 5x3 e glassate con circa 400 g di cioccolato fondente fuso a 40 °C.
- Decorate a piacere ciascuna mignon.

RISOTTO
MANTECATO ALLA ZUCCA E NUTELLA

LUCA ZECCHIN – RELAIS SAN MAURIZIO, RISTORANTE GUIDO DA COSTIGLIOLE (SANTO STEFANO BELBO, CN)

Un primo piatto dal sapore inconsueto: Nutella si abbina bene alla zucca. Confessa Luca: «In famiglia l'ho sempre trovata, fa parte delle mie colazioni da bambino. E qualche volta, prima di andare a dormire dopo il servizio... la vado a cercare».

PER 4 PERSONE

riso Carnaroli	g	400
zucca	g	200
burro	g	100
Parmigiano reggiano	g	70
vino Moscato d'Asti	cl	10
cipolla tritata	g	15
scalogno		1
crema NUTELLA®	g	40

● Soffriggete la cipolla con una noce di burro, unitevi la zucca tagliata a dadini e fate insaporire. Quindi portate a cottura con un mestolo di acqua a fuoco molto basso e con coperchio. Quando la zucca inizia a disfarsi, togliete dal fuoco e frullate finemente ottenendo una crema.

● Fate tostare il riso per 3-4 minuti con lo scalogno precedentemente rosolato, sfumate con il vino Moscato e iniziate la cottura aggiungendo due mestoli di acqua salata. Mentre si rimesta, a mano a mano che il riso si asciuga, occorre aggiungere acqua.

● A cottura quasi ultimata aggiungete la crema di zucca, fate asciugare e infine mantecate con il burro e il Parmigiano.

● Versate il risotto su piatti piani, stendetelo e ponete al centro un cucchiaino da tè di Nutella (circa 10 g). Servite ben caldo.

PROFUMO DI CASA

Mamma
tu lo sai...
nutella
Nutella è sana
per il tuo bambino oggi,
come per te allora

Cucina casalinga, cucina degli affetti. Ricette per il risveglio di tutta la famiglia al mattino, semplici biscotti anche per le feste dei bambini, piccoli peccati di gola per l'ora del tè, morbide delizie al cucchiaio e classiche torte non solo della tradizione italiana. Con un ingrediente in più, Nutella, per dare un tocco di golosità e passione. Ricette dei ricordi, gelosamente custodite nel quaderno ormai sdrucito di mia madre Olga, ma anche ricette di care amiche, come quella, inglese, dei Chelsea Buns, accompagnata da questa particolare dedica: «La felicità è un Chelsea Bun. Quando lo dividi con un altro è come un picnic. Una ricetta non condivisa sarà dimenticata. Invece una ricetta condivisa sarà goduta dalle generazioni future».

A COLAZIONE

CIAMBELLA ALLO YOGURT MARMORIZZATA

PER 6 PERSONE

yogurt intero	g	125
zucchero	g	200
farina 00	g	210
olio di semi di mais	g	100
crema NUTELLA®	g	85
uova		3
sale		un pizzico
limone (la scorza grattugiata)		1
lievito in polvere		1 bustina
zucchero a velo		q.b.

Ne potete trovare di dolci o salate: l'importante è che abbiano il buco al centro. Nella cucina italiana esistono molte specialità realizzate con stampi ad anello: in questa ciambella, Nutella farà da contrasto con l'impasto più chiaro, ottenendo un piacevole impatto cromatico.

In una terrina ben capiente rompete le uova e sbattetele insieme allo zucchero con una frusta a mano o elettrica. Unite poco per volta la farina setacciata con il lievito e il pizzico di sale. Continuando a sbattere, aggiungete lo yogurt e poi l'olio di semi. Infine, amalgamate la scorza grattugiata del limone. ● Ottenuto un impasto omogeneo, prelevatene la metà e unitevi delicamente Nutella. ● Imburrate e infarinate l'apposita tortiera da ciambella: versate prima l'impasto chiaro e poi il composto con Nutella. ● Preriscaldate il forno a 180 °C e cuocete il dolce per circa 30 minuti. ● Sformate su un piatto da portata e cospargete di zucchero a velo.

MUFFINS CON MUESLI E GOCCE DI CIOCCOLATO FONDENTE

PER 6 MUFFINS

yogurt intero naturale	g	100
crema NUTELLA®	g	60
farina 00	g	50
muesli croccante o fiocchi d'avena	g	30
farina di mais	g	20
zucchero di canna	g	30
burro	g	30
uova		1
latte		1 cucchiaino
lievito in polvere	g	4
gocce di cioccolato fondente	g	30

Vi propongo una variante degli American muffins con la lievitazione "quick", ben diversi dagli English muffins (più grandi e preparati con lievito di birra). Ideali per la colazione, sono ottimi a merenda. Arricchiti di gocce di cioccolato, fanno la felicità (non solo dei bambini) alle feste di compleanno.

Mescolate in un'insalatiera la farina 00, la farina di mais, il muesli tritato grossolanamente e il lievito in polvere. ● In una terrina sbattete le uova con le fruste elettriche e incorporate, in successione, lo zucchero di canna, il burro fuso intiepidito, lo yogurt e il latte, amalgamando gli ingredienti. ● Aggiungete, un po' per volta, la miscela di farine e mescolate con cura l'intero composto. Unitevi Nutella e poi 20 g di gocce di cioccolato fondente. Affinché i muffins riescano morbidi, cercate di non sbattere eccessivamente l'impasto. Lasciate riposare per 15 minuti. ● Imburrate una teglia per muffins o, meglio, degli stampini in silicone. Riempite ciascuno stampino per poco più della metà con il composto e distribuite sulla sua superficie le gocce di cioccolato fondente che sono rimaste. ● Cuocete in forno a 170 °C per 25 minuti. Estraete i muffins dal forno e lasciateli raffreddare per almeno 5-10 minuti. Sformate e serviteli ancora tiepidi.

PANE "FONDANT" ALLE SPEZIE

PER 8 PERSONE

albumi d'uovo		4
zucchero	g	120
farina 00	g	110
crema NUTELLA®	g	100
farina di castagne	g	50
burro ammorbidito	g	40
cannella in polvere	½ cucchiaino	
anice stellato in polvere	½ cucchiaino	
noce moscata in polvere	½ cucchiaino	

Questo delizioso pane sarà una piacevole sorpresa: nonostante i semplici ingredienti costituirà una sostanziosa colazione o una gustosa merenda, oltre a essere un buon modo di utilizzare albumi avanzati. Ben avvolto in carta alluminio si conserverà per alcuni giorni. Privato delle spezie, vorrei consigliarlo alle mamme da mettere negli zaini dei figli come merenda.

Ponete gli albumi in una capiente ciotola e sbatteteli per pochi istanti solo per amalgamarli, ma non montateli a neve. Aggiungete gradatamente lo zucchero e mescolando con una frusta versate un poco per volta le farine precedentemente miscelate. ● Lavorate il composto per qualche minuto e poi unitevi a piccole dosi Nutella e, in ultimo, il burro ammorbidito a pezzetti. ● Sbattete il composto per una decina di minuti e infine amalgamate le spezie: cannella, anice stellato e noce moscata. ● Versate in una teglia dai bordi alti o, meglio, in una pirofila rettangolare (di circa 26x38 cm) imburrata e cuocete in forno a 160 °C per 35-40 minuti. ● Sformate il pane *fondant* e servitelo freddo o tiepido tagliandolo a quadrotti. ● Se non amate le castagne, potete sostituire la farina di castagne con altrettanta fecola di patate oppure usare semplicemente 150 g di farina.

CHELSEA BUNS

PER 6 PERSONE

farina 00	g	300
uvetta sultanina	g	120
latte	ml	120
crema NUTELLA®	g	60
zucchero	g	50
burro ammorbidito	g	30
uova		1
lievito in polvere	g	10
sale	un pizzico	

Sono piccole focacce a forma di chiocciola di origine inglese, nate nella celebre "Bun House" del quartiere Chelsea di Londra, nel XVIII secolo. Pare che lo stesso re Giorgio II ne fosse molto ghiotto. Purtroppo il negozio nel 1839 chiuse i battenti, ma la ricetta è rimasta. L'aggiunta di Nutella permette di realizzare una "spirale" davvero golosa.

In una scodella mettete l'uvetta sultanina ad ammollare in un poco di acqua tiepida. ● Setacciate la farina con il sale in una terrina leggermente intiepidita e ben asciutta. ● In un pentolino a bordi alti scaldate il latte; fuori dal fuoco aggiungete a piccole dosi, mescolando, il lievito, quindi lasciate agire. Ricordate che il latte non deve essere troppo caldo per non annullare l'effetto del lievito. ● Prelevate 150 g di farina e sale dalla terrina precedentemente preparata e mettetela in una ciotola a parte. Ai 150 g di farina rimasti unite, un po' alla volta, il latte con il lievito e amalgamate bene. ● Nell'altra ciotola di farina aggiungete lo zucchero, il burro morbido a pezzettini e poi, sempre mescolando, l'uovo leggermente sbattuto. ● Ora unite i due composti e lavorate la pasta ottenuta anche con le mani, incessantemente, per 10 minuti, finché sarà liscia, omogenea e avrà la giusta consistenza per staccarsi dalle dita. ● Lasciatela riposare per 1 ora, coperta con un canovaccio tiepido, in un luogo caldo, affinché lieviti. ● Passato questo tempo stendetela formando un rettangolo dello spessore di circa 1 cm. Spalmatevi sopra, con una spatola, un sottile strato di Nutella evitando le estremità dei bordi, quindi distribuite uniformemente l'uvetta precedentemente sgocciolata e asciugata. Arrotolate delicatamente l'impasto su se stesso lungo il lato maggiore. ● Con un coltello affilato tagliate delle fette spesse un dito o due. Deponete le fette in una capiente teglia o pirofila, molto vicine tra loro in modo che durante la cottura gonfino in altezza. ● Preriscaldate il forno, quindi infornate i Chelsea Buns a 200 °C per circa 15 minuti. Serviteli tiepidi per un effetto ottimale.

PLUM-CAKE ALL'ARANCIA

PER 6 PERSONE

farina 00	g	135
uvetta sultanina	g	100
scorzette di arancia candite tagliate a cubetti	g	80
burro	g	70
panna da montare o crema di latte fresca	ml	60
zucchero	g	50
crema NUTELLA®	g	60
uova		3 (grandi)
lievito in polvere	g	10
vanillina		½ bustina
scorza grattugiata di arancia		1
arancia spremuta		½
aroma naturale all'arancia		2 cucchiaini

Pellegrino Artusi, nel suo trattato *La scienza in cucina e l'arte di mangiar bene*, lo inserisce tra le torte e i dolci al cucchiaio e lo accomuna al *plum-pudding*. In entrambi i dessert di origine inglese, in effetti, le prugne non ci sono, per cui il grande gastronomo di Forlimpopoli definisce il plum-cake come «mentitore anch'egli del nome suo». Questa versione ha un profumo mediterraneo, quello dell'arancia, che bene si accompagna con Nutella. I canditi possono essere sostituiti con frutta secca: mandorle, pinoli, noci e pistacchi.

Lavate e asciugate bene l'arancia: grattugiatene la scorza e poi spremetene il succo di metà. Versatelo, filtrandolo, in una ciotola, e aggiungete l'uvetta sultanina a far ammorbidire per almeno 20 minuti. Rimescolate di tanto in tanto. ● Nel frattempo, in una terrina, lavorate con un cucchiaio di legno o con le fruste elettriche da impasto, il burro precedentemente ammorbidito a temperatura ambiente, fino a renderlo spumoso. Incorporate i 50 g di zucchero amalgamandolo completamente. Aggiungete, una alla volta, le uova, la farina setacciata con il lievito e la vanillina, sempre continuando a sbattere. ● A parte, in un'altra terrina, montate la panna fino a raddoppiare il suo volume, lasciandola morbida; unitevi, a piccole dosi, Nutella e mescolate delicatamente, dal basso verso l'alto, per non smontare la panna. ● Aggiungete a cucchiaiate questo composto di panna e Nutella a quello precedentemente preparato a base di burro, uova e farina. Unite quindi l'uvetta sultanina, l'arancia candita, la scorza dell'arancia e infine due cucchiaini di aroma naturale all'arancia. Mescolate tutti gli ingredienti. ● Imburrate e infarinate uno stampo da plum-cake (di circa cm 10x26) e versatevi il composto, riempiendolo per ⅔. Fate cuocere nel forno già caldo a 180 °C per 45 minuti. ● Togliete dal forno, sformate il dolce e servitelo, se preferite ancora tiepido.

BISCOTTI

FROLLINI AL LIMONE

PER 30 BISCOTTI

farina 00	g	280
zucchero	g	95
olio di semi di mais	g	75
crema NUTELLA®	g	40
uova		1
tuorli d'uovo		1
sale		un pizzico
scorza grattugiata di limone (meglio se di Amalfi)		1
succo di limone		1 cucchiaio

Per la glassa:

albume d'uovo		2
zucchero a velo	g	175
succo di limone		1 cucchiaio

Sono i biscotti più semplici e casalinghi: evocano immagini familiari, di accoglienti cucine con tazze fumanti di latte caldo sul tavolo e nell'aria l'intenso profumo di caffè. Sono a base di pasta frolla, di antica preparazione: fin dal Medioevo era usata per pasticci di carne e timballi salati. In questa ricetta, oltre ad aver aggiunto Nutella, ho sostituito il burro con l'olio per ottenere un impasto più leggero.

Su di una spianatoia o in una larga terrina fate la fontana con la farina setacciata: al centro versate l'olio con un pizzico di sale. Amalgamate con una forchetta a poco a poco i due ingredienti fino a ottenere delle grandi briciole. ● Formate di nuovo la fontana con il composto ottenuto e ponete al centro le uova, lo zucchero, la scorza di limone e il succo di limone. Amalgamate rapidamente, aggiungete Nutella e impastate tutti gli ingredienti con la punta delle dita, il minimo indispensabile per ottenere un composto compatto. ● Formate una palla e lasciatela riposare in frigorifero per almeno 1 ora. Stendete poi la pasta su un piano di lavoro leggermente infarinato e tiratela con l'aiuto di un matterello infarinato, fino a raggiungere lo spessore di mezzo centimetro. Con appositi stampini ritagliate le forme preferite: stelle, cuori, fiori. ● Intanto preriscaldate il forno a 180 °C. Disponete i biscotti su una teglia foderata con carta da forno distanziandoli tra loro e cuoceteli per almeno 20 minuti. Sfornate i frollini e lasciateli raffreddare. ● Per impreziosirli, potete ricoprirli con una glassa preparata sbattendo, con le fruste elettriche, un albume d'uovo con 175 g di zucchero a velo e due gocce di succo di limone, fino a ottenere una crema liscia che spalmerete delicatamente sulla superficie dei biscotti.

PASTE DI MELIGA

PER 40 BISCOTTI

farina di mais	g	130
farina 00	g	110
burro	g	130
zucchero a velo	g	80
crema NUTELLA®	g	80
tuorli d'uovo		2
sale		un pizzico

È il biscotto della tradizione contadina piemontese, che si preparava in casa dopo aver fatto il pane, mescolando farina di grano, farina di meliga (termine dialettale derivante da melia, che in piemontese significa "mais") e aggiungendo uova, burro e zucchero. L'impasto non deve essere troppo fine: la grana della farina di mais deve essere croccante sotto i denti. Le paste di meliga sono ottime a fine pasto con lo zabaione, accompagnate da un vino passito o un Moscato dolce.

Setacciate insieme le due farine e mescolatele, in una ciotola, con lo zucchero a velo e il sale. Unite il burro a dadini, tenuto precedentemente a temperatura ambiente per 1 ora, i tuorli uno per volta e infine Nutella. ● Lavorate rapidamente il composto fino a ottenere un impasto omogeneo. Ricavate dei bastoncini spessi un dito e lunghi 14-15 cm: date loro la forma desiderata, ad anello, a mezzaluna o a "S". Sistemate i biscotti in una teglia imburrata e infarinata. ● Cuoceteli in forno caldo a 200 °C per 10 minuti, facendo attenzione che la superficie non diventi troppo scura. ● Sfornateli e lasciateli raffreddare, quindi spostateli con una paletta su un vassoio di servizio.

DOLCETTI DELLA DOMENICA CON CIOCCOLATA CALDA

PER 35 BISCOTTI

Per i dolcetti:

farina 00	g	110
zucchero	g	100
fecola di patate	g	80
uova		2
anice stellato in polvere		1 cucchiaino raso
cannella in polvere		1 cucchiaino raso
zenzero in polvere		1 cucchiaino raso

Per 4 tazze di cioccolata calda:

crema NUTELLA®	g	240
latte	ml	250

Le paste della domenica, secondo lo scrittore francese Philippe Delerm, devono essere portate per il nastro del pacchetto come un pendolo, tornando a casa. Tra i lontani ricordi cui guardare con nostalgia ci sono questi dolcetti che nella mia infanzia venivano preparati in casa. La ritualità consisteva in tre momenti: si impastavano il sabato sera, si cuocevano la mattina seguente prima di andare a messa e si mangiavano, al ritorno, con una ghiotta cioccolata calda, attesa per tutta la settimana. Ve la propongo a base di Nutella.

In una capiente terrina sbattete con la frusta le uova fino a renderle spumose. Aggiungete lo zucchero e continuate a sbattere fino a ottenere un composto denso e cremoso. ● A parte mescolate la farina e la fecola con le spezie in polvere: setacciate e aggiungete poco per volta al composto cremoso amalgamando delicatamente con un cucchiaio per non smontare le uova. ● Rivestite due placche con carta da forno e, aiutandovi con due cucchiaini da tè, deponetevi delle palline del composto, lasciando spazio tra l'una e l'altra, e dando loro la forma di grandi monete. Lasciate riposare conservando i dolcetti per un'intera notte in un luogo caldo (ad esempio nel forno precedentemente intiepidito e poi spento). ● La mattina seguente cuocete i biscotti a 160 °C per 20-25 minuti. Degustateli con questa cioccolata calda preparata con Nutella: mettete Nutella in un padellino di acciaio a fondo spesso e, con un cucchiaio di legno, diluitela poco per volta con il latte freddo. Ponete sul fuoco a fiamma molto bassa e mescolando in continuazione per qualche minuto fate leggermente addensare, fino a velare il cucchiaio di legno. ● Servite calda o appena tiepida.

ZALETI MORI

PER 20 BISCOTTI

farina di mais macinata finissima	g	60
farina 00	g	60
zucchero	g	40
burro	g	30
crema NUTELLA®	g	30
uvetta sultanina	g	35
uova		1
lievito in polvere	½ cucchiaino da caffè	
sale	un pizzico	
pinoli	g	30 (facoltativi)

«Signore mamme, trastullate i vostri bambini con questi gialletti: ma avvertite di non assaggiarli se non volete sentirli piangere pel caso molto probabile che a loro ne tocchi la minor parte». Così Pellegrino Artusi nel suo *La scienza in cucina e l'arte di mangiar bene*, del 1891, presentava questi biscotti veneti che prendono il nome dal colore della farina di mais. Li ho preparati con l'aggiunta di Nutella: il risultato è goloso.

Mettete a bagno l'uvetta in acqua tiepida o in un vino bianco passito per almeno 30 minuti. Poi scolatela e asciugatela con un panno assorbente. ● Mescolate le due farine con un pizzico di sale e il lievito; aggiungete il burro precedentemente fuso e impastate. ● In una ciotola, con lo sbattitore elettrico, montate l'uovo con lo zucchero fino ad avere un composto gonfio e spumoso e incorporatelo, poco alla volta, all'impasto di farine. ● Unite l'uvetta (eventualmente anche i pinoli) e infine Nutella, mescolando tutti gli ingredienti. Ricavate dall'impasto due rotolini del diametro di 4 cm e tagliateli in pezzetti di 6 cm. Modellateli trasformandoli in rombi con le punte arrotondate, spessi circa mezzo centimetro. ● Disponeteli, ben distanziati tra loro, su una placca rivestita di carta da forno e cuoceteli per 15 minuti alla temperatura di 160-170 °C. ● Sfornate e spolverizzate gli zaleti di zucchero a velo prima di farli raffreddare. Si conservano per diversi giorni se chiusi in una scatola di latta.

LINGUE DI GATTO

PER 35 BISCOTTI

farina 00	g	100
burro	g	60
zucchero a velo	g	60
crema NUTELLA®	g	70
albumi d'uovo		2

Sono piccoli biscotti dal sapore delicato e molto leggeri, che prendono il nome dalla loro forma e dalla "rasposità" al palato, effetto della pasta diluita con albume d'uovo. In questa versione con Nutella nell'impasto acquistano un buon profumo di nocciole e un originale color tortora: una bella sorpresa per accompagnare un gelato o un semifreddo.

Ammorbidite il burro 2 ore a temperatura ambiente, poi lavoratelo con un cucchiaio di legno fino a ottenere una crema. Aggiungete lo zucchero a velo setacciato e mescolate fino a quando il composto sarà gonfio e cremoso. Unitevi delicatamente Nutella. ● In un'altra ciotola, con una frusta a mano, sbattete leggermente gli albumi per pochi istanti, ma assolutamente non a neve. Incorporateli poco per volta al composto di burro, zucchero e Nutella. Infine aggiungete la farina, lasciandola cadere pian piano da un setaccio. Non lavorate troppo a lungo l'impasto. ● Foderate una placca con carta da forno. Mettete l'impasto in una tasca da pasticceria con la bocchetta liscia e formate, direttamente sulla placca, dei bastoncini lunghi 5 cm circa, distanziandoli tra loro di 4-5 cm perché durante la cottura si allargano. ● Infornate a 170 °C e lasciate cuocere i biscotti per 8 minuti, fino a quando tutto il loro bordo sarà croccante, ma l'interno ancora molto morbido. ● A cottura ultimata sfornateli e lasciateli raffreddare su una gratella. Si mantengono fragranti per alcuni giorni.

CANTUCCI

PER 24 BISCOTTI

farina 00	g	170
burro	g	30
zucchero	g	50
mandorle dolci pelate	g	70
crema NUTELLA®	g	30
uova		1
tuorli d'uovo		1
lievito in polvere	g	5-6
scorza grattugiata di limone		½
scorza grattugiata di arancia		½
sale		un pizzico

I biscotti di Prato, chiamati anche cantucci, sono confezionati da quasi tutti i fornai e pasticcieri della Toscana. Solitamente si consumano inzuppati nel Vin Santo o in un altro vino da dessert. Poiché sono secchi, questi biscotti mantengono a lungo la loro fragranza. La mia ricetta prevede un tocco di colore e di gusto con Nutella direttamente nell'impasto.

Mettete nel bicchiere del mixer le mandorle e tritatele grossolanamente a pezzetti. ● Prendete il burro e fatelo sciogliere leggermente a bagnomaria. ● Disponete su un piano di lavoro – o in una capiente ciotola – la farina a fontana e aggiungete lo zucchero, l'uovo, il pizzico di sale, il lievito e le scorze del limone e dell'arancia grattugiate. Amalgamate con cura, quindi unitevi poco per volta Nutella e infine il burro fuso, che sarà ormai intiepidito. ● Quando il composto sarà omogeneo, incorporate le mandorle. Lavorate la pasta ancora un po' manualmente, poi dividetela in due filoncini della lunghezza di circa 30 cm e larghi circa 4-5 cm. ● Adagiateli, distanziati tra loro, su una placca ricoperta con carta da forno e spennellateli con cura con il tuorlo rimasto Fate quindi cuocere a 180 °C per 20 minuti. ● Estraete i dolci dal forno e ancora caldi tagliateli a strisce trasversali e un po' oblique dello spessore di circa 1 cm e rimettete in forno solo per 5 minuti. ● Sfornate i cantucci e metteteli a raffreddare su una gratella per dolci.

TEGOLE

PER 40 BISCOTTI

zucchero	g	80
nocciole tostate	g	65
mandorle dolci pelate	g	65
mandorle amare pelate		2-3
burro	g	35
uova		2
farina 00	g	25
crema NUTELLA®	g	30
sale	un pizzico	

Sono sottili e fragili biscottini preparati con un impasto a base di mandorle e nocciole. Si dice che la ricetta sia rimasta segreta per molti anni. Devono il loro nome alla forma che assumono quando, dopo la cottura, sono messi ad asciugare su un matterello o su un'altra superficie cilindrica, e che ricorda le tegole dei tetti delle case della Valle d'Aosta. Una variante prevede la copertura dei biscotti con cioccolato fondente: invece con questa versione alla Nutella otterrete tegole di un intenso color nocciola.

Mettete nel bicchiere del mixer le mandorle e le nocciole e tritatele finemente. ● Versate in una terrina i tuorli e lo zucchero e sbatteteli con una frusta elettrica fino a renderli spumosi. Aggiungete, mescolando con un cucchiaio, le nocciole e le mandorle tritate, il burro precedentemente fuso e tiepido, la farina a piccole dosi, ed infine Nutella. Amalgamate bene tutti gli ingredienti. ● A parte, in un'altra ciotola, montate gli albumi a neve con il pizzico di sale e poi incorporateli gradualmente al composto per ottenere un impasto omogeneo. ● Ungete di burro una placca da forno oppure rivestitela con carta da forno e distribuite l'impasto preparato a cucchiaini ben distanziati tra loro. A ogni mucchietto, usando una spatola o il lato convesso di un cucchiaio di acciaio, date una forma arrotondata – quasi un dischetto – di 5-6 cm di diametro. A questo punto mettete la teglia in forno e fate cuocere per 15 minuti a 175 °C (meglio a forno ventilato). ● Badate che soltanto il bordo sia dorato. Estraete subito i dolcetti, e ancora morbidi e caldi, aiutandovi con una paletta, appoggiateli delicatamente su un matterello o su una bottiglia di vetro, affinché prendano – raffreddandosi – la caratteristica forma delle tegole. Ricordate che se le fate raffreddare diventeranno rigide e fragili e non potranno più essere curvate, ma resteranno sempre deliziose.

nutella

CON IL TÈ

BRUTTI E BUONI

PER 20 DOLCETTI

nocciole tostate	g	100
zucchero	g	80
albume d'uovo	g	70
crema NUTELLA®	g	40
sale		un pizzico
cannella in polvere		½ cucchiaino

È il loro aspetto un po' rustico e la forma irregolare a regalare tale nome a questi pasticcini secchi a base di nocciole e mandorle, che in Piemonte sono diffusi ovunque – anche se la loro zona d'elezione è a Borgomanero – e si chiamano, in dialetto, *brut e bon*. Sono poi arrivati anche in Toscana, a complemento dei cantucci di Prato, e hanno la prerogativa di rimanere croccanti per lungo tempo, se conservati con accortezza. In questa versione alla Nutella rimangono sempre "brutti", ma sono ancora più "buoni".

Tritate in modo grossolano metà delle nocciole e spezzettate con un coltello o un matterello la parte restante. ● In una terrina montate a neve ferma gli albumi con un pizzico di sale. Mescolando delicatamente dal basso verso l'alto incorporatevi lo zucchero, la cannella, le nocciole tritate e spezzettate. Infine aggiungete, a filo, Nutella, facendo attenzione a non smontare il composto così ottenuto. ● Mettetelo in una casseruola larga con il fondo spesso: portate su fiamma molto bassa e, mescolando in continuazione con un cucchiaio di legno, fatelo asciugare per 10 minuti circa, finché avrà la consistenza di una crema lucida e un po' collosa. Spegnete. ● Staccate dall'impasto dei mucchietti di forma irregolare e deponeteli su due placche foderate di carta alluminio o di carta oleata da forno, ben distanziati tra loro. ● Cuocete, in forno preriscaldato (meglio se ventilato) a 145-150 °C per 20-25 minuti finché saranno asciutti e leggeri come meringhe. Se riposti in una scatola chiusa di latta, i brutti e buoni si conservano per parecchi giorni senza perdere la loro fragranza.

BACI DI DAMA

PER 25-30 DOLCETTI

farina 00	g	100
zucchero	g	100
burro	g	100
mandorle dolci pelate	g	100
mandorle amare pelate (facoltativo)		2-3
crema NUTELLA®	g	60

L'Artusi nel suo trattato cucinario li definisce "bocca di dama": ne dà due ricette simili negli ingredienti, ma diverse nelle dosi, premettendo: «La faccia chi vuole senza farina, io la credo necessaria per darle più consistenza». E non accenna all'"accoppiamento" delle semisfere per mezzo di una goccia di cioccolato fuso. Peculiarità invece radicata nella pasticceria piemontese, che nel tradizionale connubio vuole evocare l'emozionante contatto delle labbra di una donna.

Tostate le mandorle: stendetele su una placca e passatele in forno a 180 °C per qualche minuto fino a farle appena dorare. Lasciate raffreddare. ● Nel bicchiere del mixer macinate le mandorle con lo zucchero fino a ottenere quasi una farina. Mettetela in una terrina, aggiungete la farina setacciata e il burro a pezzetti, lavorando velocemente l'impasto con la punta delle dita, solo il tempo necessario a renderlo omogeneo, evitando di scaldare la pasta con le mani. ● Formate una palla e fatela riposare in frigorifero per 45 minuti avvolta in pellicola trasparente. Poi, lavorando con le mani, ricavate dall'impasto dei filoncini spessi 1 cm: tagliateli in segmenti della grandezza di uno gnocco e formate delle palline. Distanziandole, distribuitele su una placca foderata di carta da forno e infornatele a 160 °C per 15-20 minuti, fino a che appariranno dorate. ● Estraete le calottine dal forno, lasciatele raffreddare a temperatura ambiente e poi unitele a due a due con un cucchiaino di Nutella. ● Servite i baci di dama dopo qualche ora, quando saranno perfettamente incollati dalla crema.

MACARONS

PER 25-30 DOLCETTI

Per i dolcetti:

mandorle dolci pelate	g	125
zucchero	g	225
albume d'uovo	g	100
zucchero a velo	g	50

Per la farcia:

panna fresca ben montata	g	100
crema NUTELLA®	g	50

Nel Gran Dizionario Francese-Italiano edito a Parigi dai fratelli Garnier nel 1874 e «compilato dai signori Ferrari e Caccia secondo le opere ed i lavori più recenti», che ho ritrovato nella biblioteca di casa, alla voce "macarons" si legge che sono «*sorte de pâtisserie croquante en forme de petits pains qu'on fait avec des blancs d'oeufs, du sucre et des amandes*» e li si traduce come "amaretto". In realtà i macarons per i francesi sono molto di più, rappresentano il simbolo nazionale di una piccola pasticceria dai mille colori e dalle mille profumazioni. Oggi Parigi non è Parigi senza un assaggio comparato tra quelli confezionati da Pierre Hermé, l'ultimo artista della cioccolateria, e quelli classici di Ladurée: due botteghe a pochi passi l'una dall'altra nel Quartiere latino. Questi macarons sono una versione casalinga e facile, farciti di un ripieno alla Nutella: un'irresistibile, morbida dolcezza.

Ponete le mandorle e 125 g di zucchero semolato nel bicchiere del mixer e riducete in polvere finissima. Versatela in una ciotola e aggiungete lo zucchero a velo miscelando il composto. ● In un'ampia terrina montate a neve ben ferma gli albumi unendo gradualmente i 100 g di zucchero semolato rimasto. A questa meringa abbastanza soda incorporate, delicatamente, la polvere di mandorle e zucchero precedentemente preparata. Mescolate bene ma non a lungo. ● Foderate una placca con la carta da forno. Mettete il composto in una tasca da pasticciere con la bocchetta liscia e deponete sulla placca delle palline regolari ben distanziate tra di loro, perché durante la cottura aumenteranno di volume, arrivando a circa 5-6 cm. Lasciate così riposare le meringhe per circa 30 minuti. Poi, passato questo tempo, infornatele a 170 °C per circa 12 minuti a forno preriscaldato (meglio se ventilato). ● Preparate ora la farcia: disponete Nutella in una ciotola e incorporate la panna montata con molta delicatezza, a piccole dosi, e con un movimento rotatorio dall'alto verso il basso affinché non si smonti. ● Fate raffreddare i macarons, poi, dopo averli farciti con la crema di panna e Nutella, accoppiateli a due a due. ● Se riuscirete a frenare la vostra golosità, sappiate che li potrete degustare ancora il giorno dopo: saranno migliori. I macarons non farciti si conservano bene per alcuni giorni.

NOCI DI COCCO

PER 30 DOLCETTI

noce di cocco grattugiata	g	100
zucchero	g	80
crema NUTELLA®	g	75
albumi d'uovo		2
sale		un pizzico

Il cocco è tra gli ingredienti "esotici" più usati in pasticceria fin dall'inizio del secolo scorso. Nelle varie prove per ottimizzare la ricetta, ritrovata, vergata con bella calligrafia, nel quaderno dei dolci di mia madre, questi dolcetti hanno sempre ottenuto ampi consensi fra gli "assaggiatori". Hanno un solo difetto: se ne mangiate uno, non riuscirete a fermarvi.

Mettete gli albumi in una ciotola con un pizzico di sale, poi con una forchetta sbatteteli per pochi istanti, in modo da amalgamarli, ma assolutamente non a neve. Aggiungete, mescolando con un cucchiaio, lo zucchero e poi la noce di cocco grattugiata. ● Quando gli ingredienti saranno amalgamati, unite delicatamente Nutella: l'impasto dovrà risultare omogeneo e non troppo molle. Foderate una placca di carta di alluminio o di carta da forno. ● A cucchiaini prelevate il composto e con le mani formate delle noci che adagerete sulla placca predisposta. Infornate per 10-15 minuti a 180 °C a forno caldo. ● Per rendere più graziose le noci di cocco, appena sfornate spolverizzatele subito con un leggero velo di noce di cocco grattugiata lasciata cadere da un setaccio non troppo fine.

MADELEINES

PER 12 DOLCETTI

farina 00	g	100
burro	g	60
zucchero	g	60
crema NUTELLA®	g	20
uova		2
lievito in polvere		due pizzichi
zucchero a velo		1 cucchiaio colmo
acqua di fiori d'arancio		1 cucchiaino
limone (la scorza grattugiata)		½
sale		un pizzico

La tradizione vuole che questi dolcetti parigini siano stati inventati da Madeleine, una "servante" del re di Polonia emigrato in Francia nel 1760: sono morbidi e profumati, si degustano con una tazza di tè o di caffè. Non potevano mancare in questa raccolta di ricette, dato che molti definiscono la passione per la Nutella in età adulta come una classica "madeleine proustiana" – secondo l'accezione nata dalla *Recherche* – in ricordo dei gusti dell'infanzia. Chissà cosa ne penserebbe zia Léonie.

Setacciate la farina con il lievito. ● Fate fondere appena il burro a fuoco molto basso o a bagnomaria. Togliete dal fuoco e poi, ancora tiepido, unite Nutella stemperandola completamente. ● Rompete le uova in una terrina, unite lo zucchero, il sale e sbattete a lungo con le fruste elettriche (per almeno un quarto d'ora, consiglia Pellegrino Artusi nella sua ricetta di "pasta Maddalena"), fino a ottenere un composto biancastro, gonfio e spumoso. ● Amalgamatevi delicatamente la farina facendola scendere da un fine setaccio mescolando con un cucchiaio e con un movimento circolare dall'alto in basso. Unite la scorza grattugiata di mezzo limone. Sempre mescolando con lo stesso movimento incorporate, a filo, il composto di burro fuso e Nutella. Infine non dimenticate l'acqua di fiori d'arancio, come ho trovato scritto nel quaderno di cucina di mia madre. ● Imburrate gli appositi stampini da *madeleines* a forma di conchiglia o, meglio, quelli morbidi in silicone e versatevi il composto riempiendoli soltanto per tre quarti. ● Scaldate il forno e poi cuocete i dolcetti a 190 °C per 15 minuti fino a quando saranno gonfi e leggermente bruniti. ● Appena sfornati spolverizzateli con zucchero a velo e lasciateli raffreddare sopra una griglia da dolci.

RICCIARELLI

PER 50 DOLCETTI

mandorle pelate e tostate	g	300
zucchero	g	300
zucchero a velo	g	30
crema NUTELLA®	g	65
albumi d'uovo		2
vanillina		un pizzico
scorza grattugiata di limone		½
acqua di fiori d'arancio		1 cucchiaio
sale		un pizzico

Sono i dolcetti tipici del senese, ma anche di altre province toscane: morbidi, molto dolci, diretti discendenti degli antichi marzapane, hanno una superficie grinzosa e screpolata. I miei ricciarelli con Nutella sono meno candidi. Artusi consiglia di utilizzare una base di cialde, su cui poggiarli prima della cottura: oggi si usano le ostie sottili. Io ho provato a farne a meno, pensando alla difficoltà nel reperirle.

Se le mandorle pelate non sono tostate, allora allargatele uniformemente su una placca e passatele in forno per 5-10 minuti a 180 °C facendo attenzione che non prendano colore. Una volta raffreddate, tritatele finemente nel mixer con lo zucchero semolato. ● Versate il composto in una terrina e unitevi la scorza grattugiata del limone, la vanillina, Nutella a piccole dosi e l'acqua di fiori d'arancio. Amalgamate tutti gli ingredienti. ● Montate gli albumi a neve con un pizzico di sale e aggiungeteli con estrema delicatezza all'impasto mescolando con un cucchiaio di legno finché diventi morbido ma abbastanza denso da poter essere impastato con le mani. ● Spolverizzate il piano di lavoro con abbondante zucchero a velo e stendete il composto fino a uno spessore di 2 cm. Con la lama di un coltello ben cosparso di zucchero a velo ritagliate la pasta a forma ovale o a rombi larghi 3 cm e lunghi 5 cm. Con una paletta spolverizzata di zucchero a velo deponete i ricciarelli su una placca precedentemente rivestita di carta da forno. ● Allineate i dolcetti ben distanziati tra loro e fateli cuocere in forno preriscaldato a 160 °C per 20 minuti: devono asciugare senza colorire, e soprattutto fate attenzione che si mantengano morbidi. ● Lasciateli raffreddare e poi serviteli spolverizzati di zucchero a velo.

SCONES

PER 8 DOLCETTI

farina 00	g	100
crema NUTELLA®	g	30
zucchero	g	25
burro	g	25
tuorli d'uovo		1
latte		1 cucchiaio
lievito in polvere	g	2 (½ cucchiaio)
sale		un pizzico

Come ricorda Allan Bay nel libro che ha scritto con Pinuccia Ferrari dedicato alle "parole dei menu", gli scones sono panetti di pasta aperti che vanno imburrati e farciti. Poiché di scones se ne trovano a decine, questa versione ha un inconsueto aspetto color *noisette* e si può accompagnare a marmellata di frutta. Chi è in carenza di affetto, può spalmarli di Nutella.

In una ciotola setacciate la farina con il lievito; aggiungetevi lo zucchero, il sale e miscelate. Incorporate il burro morbido tagliato a pezzettini e con la punta delle dita lavorate l'impasto, che ben presto apparirà grossolanamente sbriciolato. Bagnate con il latte, poi unitevi Nutella mescolando con un cucchiaio di legno, fino a ottenere una pasta molle e omogenea. ● Affinché gli scones siano più gustosi, ricordate di lavorare poco la pasta. Formate una palla con l'impasto, avvolgetela nella pellicola trasparente e lasciatela in frigorifero per circa 1 ora. ● Preriscaldate il forno e portatelo alla temperatura di 200 °C. Imburrate con cura e infarinate una teglia. Stendete la pasta su un piano di lavoro leggermente infarinato, fino a che non avrete ottenuto uno spessore di 1,5 cm circa. Ritagliate delle forme circolari di 5-6 cm di diametro e sistematele sulla teglia. ● Sbattete per qualche istante il tuorlo d'uovo insieme a due cucchiai di acqua e successivamente, con l'aiuto di un pennello da cucina, dorate la superficie degli scones. Infornate e cuocete per 18 minuti. ● Degustate gli scones quando sono ancora tiepidi (c'è chi li gusta anche caldi), meglio se tagliati orizzontalmente in due metà e farciti generosamente di burro; il tutto sarà completato da marmellata di frutta, e precisamente di fragole, per restare più vicini alla tradizione.

PETITS-FOURS

PER 40 DOLCETTI

mandorle pelate e tostate	g	100
farina 00	g	100
burro morbido	g	65
zucchero	g	50
crema NUTELLA®	g	50
confettura di albicocche	g	200

Con questo termine francese si indicano tutti i piccoli dolci da tè: secchi, friabili, spumosi o gelatinosi, hanno forme e gusti assortiti. Il nome *petits-fours* significa "piccoli forni". Originariamente questi pasticcini venivano preparati con lo zucchero e ciò che rimaneva della pasta del pane appena fatto in casa, e poi cotti nel forno domestico ormai intiepidito. Ho voluto creare, con una mia ricetta originale, dei *petits-fours* alla Nutella e decorati con la confettura di albicocche che ogni estate mi piace preparare.

Lavorate bene il burro in una scodella con un cucchiaio di legno fino a ottenere una pomata. Unite lo zucchero, la farina e poi le mandorle precedentemente tritate finissime nel bicchiere del mixer. Mescolate tutti gli ingredienti. ● Infine aggiungete Nutella senza amalgamarla completamente e lavorando poco l'impasto, se volete ottenere un effetto marmorizzato. ● Prendete dei pezzetti di pasta con un cucchiaino da tè e fatene delle palline che appiattirete un poco al centro, formando una lieve cavità. ● Distribuite i petits-fours, ben distanziati tra di loro, su una placca foderata con carta da forno e cuocete per 15-20 minuti. Appena sfornati, con l'aiuto di un cucchiaino da caffè, riempite ogni piccola cavità con la confettura di albicocche. ● Lasciate asciugare i dolcetti a temperatura ambiente per qualche ora e poi servite. Rimarranno deliziosi e morbidi per alcuni giorni.

PASTICCINI DI RISO

PER 12 DOLCETTI

riso per dolci e timballi (Balilla)	g	130
crema NUTELLA®	g	50
latte fresco	ml	800
zucchero	g	25
arancia candita a dadini	g	35
marmellata di arance amare	g	40
buccia di arancia		1
uova		3
rhum		2 cucchiai
sale		un pizzico
cannella in polvere		un pizzico
pangrattato		q.b.

Tutti conoscono le virtù salutari del riso: la torta con questo cereale è uno dei classici dolci della tradizione regionale italiana. In particolare a Bologna si prepara per la festa degli Addobbi, che si tiene dopo il Corpus Domini. Per gustare questi dolcetti, Pellegrino Artusi nella sua ricetta (alla quale mi sono ispirata) consiglia: «Sono migliori caldi che diacci». Il riso si dimostra molto adatto a essere condito con Nutella.

Portate a ebollizione il latte, versate il riso, aggiungete un pizzico di sale, alcune scorzette ricavate dalla buccia d'arancia e, come consiglia Artusi: «Cuocete moltissimo il riso rimuovendo spesso col mestolo perché non si attacchi». ● A due terzi di cottura unite lo zucchero e l'arancia candita a dadini. Sempre sul fuoco continuate a mescolare con un cucchiaio di legno finché il latte sarà completamente assorbito e il riso molto cotto. Spegnete e lasciate un po' raffreddare. ● A questo punto unite Nutella, il rhum, la marmellata di arance e un pizzico di cannella in polvere, amalgamando bene ogni ingrediente. Infine aggiungete, uno per volta, i tuorli d'uovo. ● In una ciotola montate a neve gli albumi e poi incorporateli con delicatezza al composto. ● Prendete degli stampini «da brioches» – indica Artusi – o da savarin, ungeteli ben bene di burro e spolverizzateli di pangrattato. Riempiteli non completamente e cuoceteli in forno caldo a 160 °C per 40 minuti finché la superficie avrà assunto un bel colore dorato.

AMARETTI DI NONNA CATERINA

PER 80 DOLCETTI

farina 00	g	75
farina gialla di mais fine	g	45
nocciole pulite, tostate e macinate	g	85
nocciole pulite, tostate, intere per la decorazione	g	80
burro morbido	g	50
zucchero	g	50
tuorli d'uovo		1
crema NUTELLA®	g	100
cannella in polvere		1 cucchiaino raso
rhum o liquore all'amaretto	ml	5 (1 cucchiaio)

Dei dolcetti e dei biscotti il catalogo è infinito. Ciascuna regione, ciascun paese e ciascun campanile ha, per ogni ricorrenza del calendario, una tradizione da tramandare. Alcune specialità, come gli amaretti, si ritrovano in più zone d'Italia: ogni cuoca ha la sua ricetta, come questa di mia nonna Caterina. Poiché nelle Langhe, nel Sud del Piemonte, si trovano più facilmente le nocciole, in famiglia abbiamo sempre chiamato "amaretti" questi dolcetti, pur non essendoci le mandorle. Ricordo che la nonna preparava l'impasto, a me piaceva prelevarlo a piccole cucchiaiate e con le mani formare le palline da depositare sulla placca da forno. Poi, il tocco finale: mettere al centro di ognuna una nocciola intera, di quelle belle tonde raccolte a fine estate.

Con le fruste elettriche da impasto montate il tuorlo con lo zucchero finché sarà gonfio e spumoso. Aggiungete, a cucchiaiate, la farina bianca setacciata, la farina gialla e le nocciole macinate finemente. Unite il burro, ben ammorbidito a temperatura ambiente e poi, a poco a poco, Nutella. Profumate con la cannella e il cucchiaio di liquore. ● Lavorate l'impasto con le mani fino ad amalgamare completamente tutti gli ingredienti. ● Con un cucchiaino da caffè prelevatene piccole quantità e formate, tra i palmi delle mani, delle palline grandi come una noce. Nel centro di ognuna di esse sistemate una nocciola intera. ● Ponete gli amaretti su una placca rivestita da carta da forno e lasciate cuocere nel forno già caldo a 140 °C per 20 minuti. Lasciate raffreddare e servite gli amaretti, eventualmente cosparsi di zucchero a velo.

AL CUCCHIAIO

CUORE FONDENTE

PER 6 PORZIONI

cioccolato fondente al 60-70% a pezzetti	g	100
farina 00	g	80
crema NUTELLA®	g	70
burro	g	70
zucchero	g	50
uova		2
lievito in polvere		1 cucchiaino
sale		un pizzico

Nella carta di molti ristoranti trovate il tortino dal cuore morbido, una piccola cascata di cioccolato fondente che sgorga quando si affonda il cucchiaio nel *biscuit coulant*. In questa ricetta Nutella conferisce al dolce una particolare morbidezza e ne fa un dessert importante e ricco.

Fate ammorbidire il burro a temperatura ambiente. Mettetelo in una terrina e lavoratelo con un cucchiaio di legno fino a ottenere una crema soffice della consistenza di una pomata. ● Incorporate Nutella amalgamando con delicatezza. Aggiungete le uova una per volta e successivamente lo zucchero, il sale e infine la farina, facendola cadere poco a poco da un setaccio, insieme con il lievito. ● Imburrate e infarinate sei stampini individuali (più pratici quelli morbidi in silicone). Versate in ognuno di essi due cucchiai abbondanti del composto preparato e infornateli a 170 °C per 7 minuti. ● Sfornateli e sopra a ognuno distribuite i pezzetti di cioccolato fondente. Ricoprite suddividendo l'impasto rimasto. ● Infornate nuovamente a 170 °C per 15 minuti. Serviteli tiepidi.

BUDINI GIANDUJA

PER 8 PORZIONI

Per i budini:

latte	l	½
uova		4
zucchero	g	90
crema NUTELLA®	g	100
amaretti secchi	g	70
nocciole tostate	g	70
cacao amaro in polvere	g	10
rhum	ml	20
caffè	ml	100

Per il caramello:

zucchero	g	50
acqua fredda		2 cucchiai
succo di limone		qualche goccia

Il gianduiotto venne creato nel 1865 dai valdesi Isidore Caffarel e Michele Prochet e prese il nome della maschera torinese del carnevale, Gianduja. Ho voluto presentare una originale versione del classico budino piemontese, che in Langa prende il nome di *bônet* (cappello) per via della forma che assume una volta sformato. Non potevo che dedicarlo all'emblema del cioccolato all'italiana.

Preparate il caramello: mettete lo zucchero in un padellino di acciaio a fondo spesso, aggiungete l'acqua e il succo di limone, rimestate e portate su fuoco medio, lasciate sciogliere lo zucchero fino a che assumerà un bel colore ambrato. ● Spegnete il fuoco prima che il composto diventi scuro e versatelo subito negli stampini da budino (sceglieteli monoporzione, di 8 cm di diametro e alti 5 cm), ricoprendone il fondo e velandone le pareti. Fate raffreddare. ● Mettete gli amaretti a pezzi e le nocciole tostate nel bicchiere del mixer e tritate finemente. In una capiente terrina sbattete con una frusta elettrica le uova con lo zucchero: aggiungete il cacao, il latte precedentemente intiepidito, il caffè, il trito di amaretti e nocciole, il rhum e – a piccole dosi – Nutella. Stemperate bene tutti gli ingredienti, mescolando con un cucchiaio di legno o con una frusta a mano. ● Versate il composto negli stampini caramellati, poi immergeteli in un bagnomaria già caldo. Cuoceteli in forno preriscaldato a 180 °C per 30-35 minuti. ● A cottura ultimata lasciate raffreddare i budini per 2 ore a temperatura ambiente, poi riponeteli in frigorifero a raffreddare per 3 ore prima di sformarli nei piattini.

SEMIFREDDO ALL'ARANCIA CON SALSA CALDA

PER 4-6 PERSONE

Per il semifreddo:

zucchero	g	80
tuorli d'uovo		4
albumi d'uovo		2
panna liquida da montare	ml	250
scorza di arancia grattugiata		1
Grand Marnier		1 cucchiaio
sale		un pizzico

Per la salsa:

marmellata di arance amare	g	200
marmellata di arance	g	150
crema NUTELLA®	g	100
rosolio all'arancia (o acqua)		2 cucchiai
Grand Marnier		3 cucchiai

È una specialità dell'"arte fredda" che si distingue per la scelta degli ingredienti e per la sua consistenza, particolarmente morbida. La sua preparazione avviene sempre partendo da una crema di base con aggiunta di panna montata: Nutella in questa ricetta viene utilizzata nella salsa calda di guarnizione, che offre un piacevole contrasto e si completa con il profumo dell'arancia.

Sbattete i tuorli con lo zucchero fino a renderli spumosi. ● In un'altra ciotola montate a neve ferma gli albumi con un pizzico di sale. ● A parte, montate la panna. ● Con movimenti delicati incorporate ai tuorli sbattuti prima la panna montata e poi gli albumi a neve. Aggiungete a tutto il composto la scorza grattugiata di un'arancia e il Grand Marnier. ● Rivestite uno stampo rettangolare da plum-cake di 20 cm circa con pellicola trasparente. Versate il composto preparato e ponete in congelatore per almeno 4-5 ore, finché sarà rassodato. ● Preparate la salsa: mettete tutti gli ingredienti in un casseruolino a fondo spesso. Portate sul fuoco a fiamma bassa e sciogliete con un cucchiaio di legno per qualche minuto, fino a ottenere una crema liscia e fluida. ● Sformate il semifreddo su un piatto da portata e tagliatelo a fette con un coltello a lama sottile. ● Servite con la salsa calda a parte, da versare a piacere.

BAVARESE ALLE FRAGOLE

PER 6 PERSONE

fragole mature	g	220
panna liquida da montare (o crema di latte fresca)	ml	130
zucchero	g	60
crema NUTELLA®	g	50
gelatina in fogli	g	6
arancia		½

Per il coulis di fragole:

fragole	g	100
zucchero	g	40

Un dolce al cucchiaio che fu inventato nel XIX secolo da cuochi francesi, che si ispirarono a una bevanda a base di tè, latte e alcol, nata nel 1700 alla corte dei principi di Baviera. Quando si riferisce a un dessert deve quindi essere declinato al maschile. In questa versione con Nutella e fragole, il bavarese assumerà un bel colore rosa carico.

Frullate le fragole e ponetele in una capiente insalatiera. Fate ammorbidire 6 g di gelatina in fogli in acqua fredda per circa 10 minuti. ● Nel frattempo, in una ciotola montate la panna con lo zucchero e poi unite Nutella poco per volta. ● Scaldate due cucchiai di acqua in un pentolino, unite la gelatina sgocciolata e strizzata, e mescolate per 1 minuto sul fuoco a fiamma molto bassa, senza far bollire, per scioglierla completamente. ● Filtrate la gelatina con un colino a maglia fine e amalgamatela alle fragole frullate. Aggiungete il succo spremuto e filtrato di ½ arancia. Incorporate al composto ottenuto, con delicatezza, la panna montata con Nutella. ● Quando tutti gli ingredienti sono ben amalgamati, versate il composto in uno stampo: ottimi quelli con un "tubo" centrale e bordi non molto alti, oppure in silicone o in materiale plastico con il fondo removibile per facilitare il momento del servizio. ● Fate raffreddare in frigo per 5-6 ore. Sformate il bavarese, tuffando per pochi istanti lo stampo in acqua calda e poi capovolgetelo su un piatto da portata. Decorate con fragole intere o tagliate a metà e ciuffetti di panna montata. ● Servite il dolce con un coulis ottenuto frullando le fragole con lo zucchero.

tella
LATTE SCREMATO

PARFAIT BICOLORE AL TORRONE

PER 6-8 PERSONE

torrone duro a pezzi	g	250
uova		2
panna liquida da montare	ml	300
crema NUTELLA®	g	70
caffè in polvere	g	5
		(1 cucchiaino)
sale		un pizzico

Il termine della cucina francese vuol dire "perfetto" e sta a indicare la bella forma che assume il dessert nel piatto, spesso accompagnato da una gelatina di frutta. Il grande chef Auguste Escoffier scrive che «è un tipo di gelato in cui compare sempre la panna fresca». Questa versione offre qualcosa di più all'estetica: la Nutella serve a colorare uno dei due strati del dolce.

Nel bicchiere del mixer tritate finemente il torrone. In una ciotola sbattete i tuorli, per pochi istanti, con una frusta a mano, e aggiungete il trito di torrone. ● Dividete il composto in due parti uguali: a una delle due, unite Nutella e il caffè macinato in polvere, amalgamandoli a piccole dosi. ● In un'ampia scodella montate gli albumi a neve ferma con un pizzico di sale. ● In un'altra terrina montate la panna, poi incorporatela molto delicatamente ai due composti, in parti uguali. Infine, nello stesso modo, aggiungete gli albumi montati a neve mescolando con un movimento rotatorio dal basso verso l'alto. ● Versate l'impasto con Nutella in uno stampo rettangolare di vetro di 20 per 15 cm o in una grande coppa di vetro e ponete in congelatore per 10-15 minuti. ● Trascorso questo tempo, estraetelo e ricoprite con il composto chiaro rimasto. Riponete in freezer per almeno 3-4 ore. Ricordate di togliere il dessert qualche minuto prima di portarlo in tavola.

GELO DI CAFFÈ

PER 6 PORZIONI

zucchero	g	70
amido per dolci	g	30
crema NUTELLA®	g	50
caffè ristretto non zuccherato	ml	200
scorza grattugiata di limone		1
cacao in polvere	g	5
acqua	ml	250

Si tratta di un budino di origine siciliana a base di acqua: l'aggiunta di Nutella alla tradizionale ricetta del gelo di caffè lo rende meno trasparente ma più goloso. È anche un ottimo pre-dessert.

Preparate il caffè e lasciatelo intiepidire. ● Mettete l'amido per dolci in una casseruola e, a filo, versate il caffè mescolando di continuo con un cucchiaio di legno, fino a far diluire l'amido completamente. Aggiungete lo zucchero, il cacao e, gradualmente, Nutella, stemperandola affinché si sciolga. Profumate con la scorza grattugiata di limone. Infine unite 250 ml di acqua fredda. ● Sempre mescolando, a fuoco basso, portate a bollore: in pochi minuti si trasformerà in una crema densa e omogenea. Togliete dal fuoco e versate il composto in sei stampini da budino o in formine di silicone, che metterete in frigorifero a far rapprendere per almeno 6-8 ore. ● Servite il gelo di caffè capovolgendo gli stampini su un piattino e spolverizzando con cacao in polvere lasciato cadere da un setaccio a maglie fini.

MOUSSE AL BICCHIERE

PER 6 BICCHIERI

cioccolato fondente al 60-70%	g	130
crema NUTELLA®	g	90
tuorli d'uovo		2
albumi d'uovo		3
rhum o Grand Marnier		2 cucchiai
aroma all'arancia		6-8 gocce
sale		un pizzico

Le più preziose, in piccole porzioni, sono le *mousselines* della tradizione francese. Questa preparazione prende il nome dalla soffice "spuma" che ne costituisce la vera particolarità. Possono essere salate o dolci, e non vanno confuse, come ricorda anche Escoffier, con i paté: alla loro base ci deve sempre essere panna liquida o bianco d'uovo montato. In questa ricetta vi consiglio di mettere il composto a raffreddare in un bel bicchiere a stelo alto e di decorarlo. Ma va benissimo anche in una coppetta. L'aggiunta del liquore rende il dessert più equilibrato e non troppo dolce.

Spezzettate il cioccolato fondente e mettetelo in un pentolino. Aggiungete Nutella e, rimestando con un cucchiaio di legno, fate sciogliere in un bagnomaria appena caldo. Togliete dal fuoco e continuate a mescolare per qualche minuto. ● Incorporate, uno alla volta, i due tuorli e poi il liquore e l'aroma all'arancia. ● In una ciotola a parte montate a neve ferma gli albumi con un pizzico di sale e poi uniteli con delicatezza al composto di cioccolato. ● Suddividete la mousse in bicchieri da cocktail a stelo, e riponeteli in frigorifero a raffreddare fino al momento di servirli.

TORTE CLASSICHE

CHARLOTTE DI MELE

PER 6 PERSONE

mele	g	600
biscotti savoiardi	g	200
	(24 pezzi)	
crema NUTELLA®	g	200
mandorle tostate pelate	g	150
burro	g	60
zucchero a velo	g	60
cannella in polvere	½ cucchiaino	
liquore maraschino	ml	100
acqua	ml	100

Carlotta, moglie di Giorgio III Hannover, fu la prima regina di Gran Bretagna a stabilire la sua residenza privata a Buckingham Palace alla fine del XVIII secolo. Pare che Sophie Charlotte von Mecklenburg-Strelitz (1744-1818) amasse particolarmente un dessert freddo a base di biscotti savoiardi o pan di Spagna e mele. Da quei tempi anche lo stampo usato per realizzarlo è dedicato a questa regina di origini prussiane. Dei biscotti savoiardi vi sono tracce molto antiche sia in quadri d'inizio Settecento esposti agli Uffizi sia nelle ricette di Casa Savoia. Secondo il *Dictionnaire de cuisine et gastronomie* edito da Larousse, il cuoco di Amedeo VI di Savoia nel 1348 preparò uno spettacolare dolce con "pasta savoiarda" in occasione di una visita ufficiale del re di Francia.

Sbucciate le mele, privatele del torsolo, affettatele sottilmente e ponetele in una casseruola. Fatele cuocere a fuoco dolce per 15-20 minuti, bagnando con 3 cucchiai di liquore maraschino. A metà cottura profumate con la cannella. Quando le mele saranno disfatte, spegnete, lasciatele intiepidire e passatele al setaccio. ● In un frullatore polverizzate le mandorle. ● In una terrina lavorate il burro e lo zucchero a velo, con un cucchiaio di legno, fino a ottenere una crema gonfia. Aggiungete le mandorle, il passato di mele e Nutella, amalgamando ogni ingrediente. Poi mettete il composto in frigorifero. ● Inumidite con acqua fredda uno stampo da charlotte o da soufflè con il bordo alto circa 10 cm. Rivestitelo completamente con pellicola trasparente o con carta di alluminio facendola risalire anche su tutto il bordo. ● Versate il maraschino rimasto in un piatto fondo e diluitelo con l'acqua. Poi con una pennellessa o un cucchiaino inumidite rapidamente i savoiardi, uno alla volta, sistemandoli in verticale ben ravvicinati tra di loro lungo le pareti dello stampo (se necessario, tagliate un pezzetto di ciascun biscotto affinché non superi il bordo dello stampo). ● Con pezzi di savoiardi inumiditi coprite anche il fondo dello stampo, poi versate metà della crema preparata. Accomodate sopra un nuovo strato di biscotti precedentemente bagnati e poi riempite con la seconda metà della farcia. Terminate con un ultimo strato di savoiardi, sempre inumiditi e infine coprite la charlotte con un ritaglio di carta oleata o di alluminio sul quale metterete un piatto con un peso così che tutto il composto venga ben pressato. ● Riponete il dolce in frigorifero per almeno 6 ore (meglio 24) prima di sformarlo. Potete servire la charlotte bagnata con un liquore caldo e poi fiammeggiata.

MONT BLANC

PER 6 PERSONE

castagne secche	g	250
panna liquida da montare	ml	250
crema NUTELLA®	g	170
latte	ml	250
cacao zuccherato	g	25
rhum	1 cucchiaio	
sale	un pizzico	
cacao in polvere	q.b.	

Ecco un dessert opulento e invernale nella sua veste classica a forma di Monte Bianco: nato in Francia, fa parte delle tradizioni valdostane, piemontesi e lombarde. È una piccola montagna di vermicelli realizzati con un impasto di castagne (alle quali ho aggiunto Nutella), ricoperta di panna.

Mettete le castagne secche a bagno in acqua tiepida per almeno 12 ore. Scolatele, pulitele da eventuali pellicine rimaste, versatele in una pentola con un litro di acqua fredda e lessatele per almeno 50 minuti (potete ridurre il tempo usando la pentola a pressione). Prima di spegnere togliete il coperchio e cuocete a fiamma vivace finché l'acqua sia completamente evaporata. ● A questo punto aggiungete il latte caldo, un pizzico di sale e proseguite lentamente la cottura fino a quando le castagne tenderanno a disfarsi e il latte sarà consumato. ● Mentre sono ancora calde, passate le castagne nello schiacciapatate o nel passaverdura e raccogliete il purè ottenuto in una padella d'acciaio a fondo spesso o antiaderente. Unite Nutella, il rhum e il cacao zuccherato: mescolando con un cucchiaio di legno, a fuoco basso, fate asciugare il composto per qualche minuto. ● Ancora tiepido, ripassatelo nuovamente nel passaverdura o nel bicchiere del mixer e raccogliete il purè in una teglia d'acciaio o in una terrina di vetro. Coprite perfettamente l'impasto adagiandovi una pellicola trasparente e lasciate raffreddare in frigorifero per almeno 5-6 ore. ● Con l'aiuto di uno schiacciapatate o di un passaverdura, fate cadere il composto su un piatto da portata formando una montagnola. ● Montate la panna e delicatamente con una spatola ricoprite tutto il dolce. ● Al momento di servire il Mont Blanc, spolverizzatelo con un velo finissimo di cacao in polvere.

TORTA D'AUTUNNO

PER 6 PERSONE

mele Golden Delicious	g	500
castagne secche	g	250
crema NUTELLA®	g	200
amaretti secchi	g	100
latte	ml	100
uova		2
Marsala secco o rhum	ml	40
scorza grattugiata di limone		1
sale		un pizzico

Con le castagne si realizzano da sempre molti dolci della tradizione montana, tra Alpi e Appennino. Nella sua composizione, per la presenza di amido, la castagna rivela ai nutrizionisti forti analogie con il grano, e quindi l'apporto della Nutella risulta armonico e piacevole. In questa ricetta non si utilizza la farina, come nel castagnaccio, ma castagne secche bollite e poi mescolate a un passato di mele. Ne nasce una delicata torta d'autunno particolarmente indicata per una serata con gli amici.

Tenete a bagno in acqua tiepida per almeno 12 ore le castagne secche. Sciacquatele, pulitele e poi lessatele in 1 litro di acqua fredda per più di 1 ora, fino a quando saranno così morbide da sbriciolarsi con una forchetta. Passate le castagne ancora calde nel passaverdura e raccogliete il purè in una terrina. ● Sbucciate le mele, tagliatele a dadini e cuocetele lentamente, coperte, a fuoco basso per 15 minuti aggiungendo (se necessario) qualche goccia d'acqua. ● Spegnete quando saranno completamente disfatte. Passatele nel passaverdura e unite il loro purè a quello delle castagne. Amalgamate bene ed aggiungente poco per volta Nutella. ● Sbriciolate gli amaretti e poneteli in una scodella: copriteli con il latte precedentemente intiepidito, mescolate e lasciate macerare per qualche minuto. Poi aggiungeteli al composto preparato: amalgamate bene. Infine incorporate le uova una per volta, poi la scorza grattugiata del limone, il Marsala e il pizzico di sale. Assaggiate: non dovrebbe necessitare di zucchero, dipende dalla qualità castagne e delle mele. ● Imburrate e infarinate una tortiera di 24 cm di diametro: versate il composto e fate cuocere a forno preriscaldato per 1 ora a 180 °C. ● Potete gustare questa torta di castagne sia tiepida con una salsa al cioccolato sia fredda con qualche cucchiaio di panna montata zuccherata.

LINZERTORTE

PER 6 PERSONE

Per la pasta:		
farina 00	g	200
burro freddo	g	120
zucchero	g	120
mandorle pelate e tostate	g	65
nocciole pelate e tostate	g	60
uova		1
lievito in polvere	g	4 (1 cucchiaino raso)
anice stellato in polvere		½ cucchiaino
cannella in polvere		½ cucchiaino
chiodi di garofano in polvere		½ cucchiaino
sale		un pizzico
Per il ripieno:		
confettura di lamponi	g	50
crema NUTELLA®	g	200

Quanto la Sacher, la Linzertorte rappresenta una sorta di "gloria" della pasticceria austriaca: non potete lasciare l'Austria senza averla assaggiata, nella classica versione con marmellata di lamponi, della quale a Linz, sul Danubio, si hanno notizie sin dal 1696. Nel mio ripieno anche la Nutella viene spalmata prima della cottura. Molti sostengono che il miglior modo per gustare la torta di Linz sia quello di prepararla con un giorno o due di anticipo: si mantiene a lungo friabile e deliziosa.

Macinate finemente le mandorle e le nocciole nel mixer. ● In un'ampia terrina amalgamate il burro con lo zucchero per ottenere una crema a cui aggiungerete l'uovo, il fine trito di mandorle e nocciole, la farina, il sale, le spezie e il lievito. Lavorate, rapidamente, il composto con la punta delle dita e appena amalgamati gli ingredienti formate una palla che avvolgerete con pellicola trasparente per alimenti o con alluminio. ● Riponetela in frigorifero per almeno 4-5 ore (o anche di più) e poi stendetela con un matterello su un piano di lavoro leggermente infarinato fino a uno spessore di ½ cm circa. Adagiate l'impasto sul fondo di uno stampo da crostata di 24 cm di diametro e 3 cm di altezza, precedentemente imburrato e infarinato, e modellate un piccolo bordo. ● Con i ritagli di pasta create un bastoncino di 20 cm e formate una circonferenza che sistemerete nel centro della torta. Distribuite la confettura di lamponi nel cerchio più piccolo e spalmate abbondantemente la corona circolare con Nutella. ● Infornate e cuocete a 170 °C per 30 minuti.

CHEESECAKE DI RICOTTA E CONFETTURA DI PESCHE

PER 6 PERSONE

biscotti dolci secchi	g	130
ricotta fresca morbida	g	125
formaggio fresco tipo Philadelphia	g	125
yogurt intero naturale	g	125
confettura di pesche o albicocche	g	85
crema NUTELLA®	g	70
burro fuso	g	60
zucchero	g	55
farina di mais (meglio se bianca)	g	15
uova		1
tuorli d'uovo		1

È una torta che si può trovare in mille versioni, tutte ovviamente a base di ricotta o formaggio bianco inglese. Evelyn Torton a Detroit negli anni Quaranta aprì un negozio di dolci: la sua versione fu un tale successo da aver dato il nome a una catena di locali – *Cheesecake Factory* – in tutti gli Stati Uniti. La base della torta può essere di pasta frolla o di biscotti dolci secchi di buona qualità. Ricotta e Nutella legano molto bene, mentre la confettura di albicocche o di pesche conferirà la giusta acidità al dolce.

Passate al mixer i biscotti e sbriciolateli a grana fine. Poi trasferiteli in una ciotola e amalgamateli con il burro, precedentemente fuso a bagnomaria. ● Foderate il fondo e i bordi laterali di uno stampo a cerniera da 20 cm di diametro con carta alluminio e spennellate con olio. Oppure (meglio) prendete uno stampo flessibile in silicone di ugual diametro. Versate il composto di biscotti e burro nello stampo e premetelo bene, cercando di ottenere uguale spessore sul fondo e sulle pareti. Sistematelo in frigorifero per almeno 20 minuti. ● Preparate ora il ripieno: montate a crema con una frusta elettrica la ricotta con il formaggio fresco; unite, in successione, lo zucchero, la farina e poi le uova una alla volta amalgamando bene dopo ogni ingrediente. Aggiungete quindi lo yogurt, poi Nutella e infine la marmellata: mescolate con cura con un cucchiaio fino a ottenere un composto omogeneo. Versatelo nello stampo, tolto dal frigorifero, livellatelo e infornate a forno caldo a 180 °C per 50 minuti. ● Lasciate raffreddare il dolce a temperatura ambiente e poi riponetelo in frigorifero per almeno 2 ore finché si sarà solidificato.

TORTA GENTILE CON ZABAIONE AL BAROLO CHINATO

PER 6 PERSONE

Per la torta:

nocciole pelate e tostate	g	200
zucchero	g	80
crema NUTELLA®	g	100
uova		4
liquore all'amaretto	ml	30
sale		un pizzico

Per lo zabaione:

tuorli d'uovo		6
zucchero	g	120
crema NUTELLA®	g	30
Barolo Chinato	ml	60
cannella		un pizzico

Non poteva mancare un mio "cavallo di battaglia" legato strettamente alla mia terra di Langa, dove le colline abbondano di viti pregiate e di noccioleti. La ricetta è di mia madre Olga, che categoricamente escludeva l'uso della farina per preparare la "vera torta di nocciole". La Nutella dona al dolce e allo zabaione con il Barolo Chinato un bel colore nocciola.

Ponete in un frullatore le nocciole pelate e tostate e tritatele finemente. ● Rompete le uova e separate i tuorli dall'albume. Sbattete in una ciotola con le fruste elettriche i 4 tuorli con 65 g di zucchero, finché saranno chiari e spumosi. Unite poco per volta le nocciole tritate. Aggiungetevi Nutella a cucchiaiate, amalgamandola bene al composto, e infine il liquore all'amaretto. ● In una scodella a parte montate i 4 albumi a neve ben ferma con un pizzico di sale e con lo zucchero rimasto. Incorporate gli albumi nell'impasto mescolando con delicatezza affinché non si smontino. Imburrate e infarinate una tortiera di 26 cm di diametro. Versatevi il composto e cuocete, infornando a 180 °C per 25 minuti, fino a che la torta assumerà il colore del guscio della nocciola. ● Lo zabaione si prepara al momento di servire il dolce: prendete una casseruola a fondo spesso, versatevi i tuorli e lo zucchero e sbattete energicamente con una frusta a mano fino a ottenere un crema gonfia e soffice. ● Aggiungete poco per volta il Barolo Chinato, Nutella e il pizzico di cannella, mescolando delicatamente con un cucchiaio di legno e facendo attenzione a non smontare il composto. ● Portate la casseruola in un bagnomaria di acqua tiepida, su fiamma bassa, e cuocete per 4-5 minuti, fino a quando apparirà spumoso e leggermente denso. Servite la torta accompagnando ogni fetta con lo zabaione tiepido.

TORTA DI HALIMA

PER 6 PERSONE

Per la pasta frolla:

farina 00	g	200
burro	g	100
zucchero	g	100
uova		1
sale		un pizzico
lievito in polvere		½ bustina
latte		4 cucchiai
limone, meglio se di Amalfi (la scorza grattugiata)		1

Per la farcia:

yogurt intero naturale	g	125
uova		1
zucchero	g	30
pere		1 (grande)
crema NUTELLA®	g	100

Ho assaggiato questa torta da un'amica e non ho potuto esimermi dal chiederle la ricetta e di arricchirla con Nutella. La tenutaria della ricetta è Halima, una signora marocchina dolcissima che ormai da tempo vive in Italia. In Marocco per anni è stata al servizio di una nobildonna francese, cuoca abilissima, e da lei ha imparato piatti esotici ma soprattutto piccoli e grandi segreti di cucina, che a sua volta, generosamente, ha sempre condiviso.

Disponete sulla spianatoia o su un piano di lavoro la farina a fontana; mettete nel mezzo lo zucchero, il burro (precedente ammorbidito per 1 ora fuori dal frigo e tagliato a pezzetti), l'uovo, il latte, il lievito, la scorza di limone e il sale. Impastate velocemente tutti gli ingredienti, dando alla pasta la forma di una palla. Avvolgetela in una salvietta e lasciatela riposare in frigorifero per 1 ora. ● Stendete la pasta con un matterello infarinato e foderate con essa uno stampo rotondo da crostata del diametro di 25 cm circa. Spalmatevi sopra la Nutella con una tasca da pasticciere a bocchetta liscia. ● Sbucciate la pera, affettatela sottilmente e disponete le fette a raggiera sulla Nutella. ● Preparate una crema sbattendo con le fruste elettriche per qualche minuto lo yogurt, l'uovo intero e lo zucchero e con essa ricoprite completamente il composto nella tortiera. ● Preriscaldate il forno e poi cuocete a 180 °C per 40 minuti. Servitela dopo averla lasciata raffreddare.

PAVLOVA

PER 6 PERSONE

panna liquida da montare (o, meglio, crema di latte fresco)	ml	250
zucchero	g	150
crema NUTELLA®	g	80
zucchero a velo	g	50
albumi d'uovo		3
fecola di patate	g	3 (1 cucchiaino)
sale		un pizzico

Si tratta di una torta classica degli inizi del Novecento, confezionata con dischi di meringa, panna e frutta fresca. Come spesso succede ai dessert, stranamente più che agli altri piatti, l'origine di questo dolce è controversa. Prende il nome da una delle più grandi ballerine russe, Anna Pavlova (1881-1931) che tra il 1926 e il 1929 – narrano le cronache del tempo – raccolse trionfali accoglienze in Australia e Nuova Zelanda nelle sue tournée. In suo onore fu preparata questa torta: secondo alcune fonti la ricetta era neozelandese ma il "battesimo" come Pavlova avvenne in Australia. Ancora oggi i due Paesi si contendono la primogenitura. In questa versione, decisamente più invernale, Nutella sostituisce la frutta rendendola ghiotta. Potete anche guarnirla con fragole e kiwi a piacere.

Preparate la meringa: montate gli albumi a neve con un pizzico di sale usando una frusta elettrica e incorporando gradualmente lo zucchero semolato. Continuate a montare finché diventeranno lucidi, poi unite lo zucchero a velo. Mescolate con cautela e incorporate con un cucchiaio la fecola di patate. ● Preparate tre stampi tondi in silicone del diametro di 20-22 cm oppure rivestite tre tortiere uguali con carta da forno. ● Dividete il composto in tre parti. Disponetene due in altrettanti stampi: i dischi devono avere lo spessore di almeno 1,5 cm. Livellate con una spatola. Alla terza parte di composto aggiungete delicatamente e a piccole dosi 50 g di Nutella, facendo attenzione a non smontare la meringa: versatela quindi nella teglia rimasta e livellate. ● Infornate le tre tortiere: cuocete a 120 °C per 70 minuti (meglio a forno ventilato) i due dischi di meringa bianca, e per 90 minuti quello con Nutella. ● Nel frattempo montate la panna. Mettete in una scodella 30 g di Nutella e incorporate con delicatezza e con un movimento dal basso verso l'alto 70 g di panna montata. Quando i dischi di meringa sono cotti e ben sodi, estraeteli dal forno e lasciateli raffreddare. Sformateli con cautela e poco prima di servire il dolce predisponetevi al montaggio. ● Adagiate il primo disco di meringa su un piatto di portata e ricopritelo con la metà della panna montata rimasta bianca. Sovrapponete il disco di meringa alla Nutella e poi spalmatelo con la restante panna montata bianca. Infine adagiate l'ultimo disco e ricopritelo abbondantemente di panna montata alla Nutella. Sarà un successo. ● Se preferite, lasciate riposare per qualche ora in frigorifero.

TIRAMISÙ

PER 6 PERSONE

biscotti savoiardi	g	200
tuorli d'uovo		6
albumi d'uovo		3
mascarpone	g	500
crema NUTELLA®	g	140
zucchero	g	100
caffè ristretto	ml	250
liquore all'amaretto o Marsala dolce	ml	100
sale		un pizzico

Questo dessert (di gran successo e di facile preparazione) è diventato famosissimo nel mondo e per antonomasia rappresenta ormai la pasticceria italiana. Nonostante vi siano fantasiose ricostruzioni pseudostoriche sulla sua origine rinascimentale, è nato in Veneto negli anni Sessanta, quando si diffuse l'uso del mascarpone.

In una larga ciotola sbattete, con le fruste elettriche, i tuorli con lo zucchero fino a ottenere una crema abbastanza chiara. Aggiungete, a cucchiaini, il mascarpone sempre continuando a sbattere. ● In un'altra ciotola montate a neve ben ferma tre albumi con un pizzico di sale e poi incorporateli delicatamente, con un cucchiaio, al composto di uova, zucchero e mascarpone. ● In un piatto fondo versate il liquore all'amaretto (o del Marsala dolce) e diluite con il caffè tiepido. In questo liquido inzuppate rapidamente i savoiardi, disponendone uno strato sul fondo di un piatto da portata o di una grande coppa di vetro o una teglia di vetro rettangolare dai bordi alti e ricopriteli con un abbonante strato di crema spesso un dito. ● Mettete Nutella in una tasca da pasticciere (o in una siringa): con una bocchetta liscia velate la superficie della crema. ● Ripetete l'operazione facendo un secondo strato di savoiardi inzuppati e crema. Terminate ricoprendo completamente il dolce con Nutella oppure decorandone il perimetro con fitti ciuffetti. ● Ponete in frigorifero a raffreddare per almeno 6 ore. Potrete gustarlo al meglio preparandolo con un giorno di anticipo e ricoprendolo con pellicola trasparente per alimenti.

PEACH PIE

PER 6 PERSONE

Per la pasta:

farina 00	g	180
crema NUTELLA®	g	80
burro	g	50
zucchero	g	30
cacao amaro in polvere	g	15
uova		1 (piccolo)
sale		un pizzico
bicarbonato (o lievito in polvere)		la punta di 1 cucchiaino

Per la farcia:

pesche		2
amaretti	g	40
cioccolato fondente al 70% a pezzi	g	30

Che cosa sarebbe la storia americana senza la Peach Pie o l'Apple Pie che ogni rispettabile farmer della Nuova Frontiera doveva saper offrire con un *mug* di caffè ben colmo a metà mattina? Adesso la trovate ovunque, nelle caffetterie con bevande dai nomi italiani o nei locali lungo le statali del Midwest. Il contrasto tra il ripieno di pesche e la pasta della torta arricchita di Nutella la rende ottima con un cappuccino o a fine pasto.

Preparate la pasta: mettete nel mixer la farina, il burro precedentemente un po' ammorbidito, il cacao in polvere, Nutella, l'uovo, lo zucchero, il pizzico di sale e il bicarbonato o il lievito in polvere. Utilizzando le palette da impasto, azionate il frullatore e impastate per pochi istanti, solo il tempo necessario per amalgamare gli ingredienti. ● Prelevate il composto e formate una palla. Dividetela in due parti: una più grande, quasi i due terzi, per la base della torta; l'altra per coprire la farcia. ● Imburrate e infarinate una tortiera (meglio a cerniera) del diametro di 20 cm. Stendete la parte maggiore della pasta e con essa rivestite il fondo e le pareti per un'altezza di circa 2 cm. ● In un piano di lavoro sbriciolate gli amaretti pestandoli in modo grossolano con un batticarne o con un bicchiere o una bottiglia di vetro. Quindi, tenendone da parte due grandi cucchiai, distribuiteli uniformemente sulla pasta, in modo che non venga inumidita dalla frutta. ● Tagliate a fettine le pesche pelate e disponetele sulla base di amaretti. Infine cospargete con il trito di amaretti rimasto e il cioccolato sminuzzato a piccoli pezzi. ● Stendete la pasta rimasta e ricoprite il ripieno sigillando bene i bordi lungo tutta la circonferenza. ● Praticate un piccolo foro nel centro della superficie e infornate, a forno già caldo, a 170 °C: fate cuocere per 45-50 minuti. ● Sfornate la Peach Pie e lasciatela intiepidire prima di toglierla dallo stampo. Potete servirla sia tiepida sia fredda e, fuori stagione, realizzarla con 200 g di pesche sciroppate ben sgocciolate invece della frutta fresca.

TARTE TATIN ALLE PERE

PER 4-6 PERSONE

Per la pasta:

farina 00	g	140
zucchero	g	45
olio di semi di mais	g	35
crema NUTELLA®	g	20
tuorlo d'uovo		1
scorza grattugiata di limone (meglio quelli di Amalfi)		½
sale		un pizzico
succo di limone		1 cucchiaino

Per il ripieno:

pere sbucciate e private del torsolo	g	400
burro	g	15
zucchero	g	20
cannella in polvere		½ cucchiaino

Onore al merito delle sorelle Tatin dell'Orléans per il loro errore. Se tutto il mondo, che corre spesso alla rovescia, fosse come questa torta, probabilmente sarebbe più dolce. La mia proposta, per renderla un po' più leggera, è di realizzare la pasta con l'olio e un poco di Nutella, per darle un colore insolito. Naturalmente, potete usare le classiche mele al posto delle pere. La torta andrebbe gustata tiepida, accompagnata da un cucchiaio di panna poco montata.

Setacciate la farina con lo zucchero e disponetela a fontana su un piano di lavoro o in una larga ciotola. Scavate una fossetta al centro e versatevi l'olio. Impastate a poco a poco i due ingredienti con la punta delle dita fino a ottenere delle grandi briciole. Unite il tuorlo, il sale, la scorza di limone, il succo di limone e Nutella. Lavorate ancora brevemente l'impasto, il minimo indispensabile affinché sia liscio. ● Formate una palla, avvolgetela in una pellicola trasparente e lasciatela riposare in frigorifero per 1 ora. Tenete presente che questo tipo di pasta non deve essere elastica, sia per rimanere friabile sia perché non si ritiri durante la cottura. ● Nel frattempo sbucciate le pere e dividetele in quarti eliminando il torsolo. ● Fate fondere dolcemente il burro in una teglia di pirex o di altro materiale resistente alla fiamma del diametro di 20-22 cm. Unitevi lo zucchero e mescolando in continuazione con un cucchiaio di legno tenetela sul fuoco fino a quando lo zucchero inizia a caramellare diventando dorato. Spegnete e disponetevi gli spicchi di pera a raggiera accavallandoli leggermente. ● Rimettete la tortiera sul fuoco, interponendo sempre una reticella rompi-fiamma, e lasciate caramellare gli spicchi di pera per 10 minuti, girandoli una volta. Lasciate intiepidire e spolverizzate con la cannella. ● Su un piano di lavoro leggermente infarinato stendete la pasta con un matterello, pure un po' infarinato, a uno spessore di 1 cm circa, dando una forma rotonda. Appoggiate il disco di pasta sopra le pere, sigillandolo bene tutto intorno ai bordi della tortiera. Infornate a 180 °C, per 30 minuti, fino a quando la torta sarà leggermente dorata. ● Lasciatela raffreddare una decina di minuti prima di capovolgerla in un piatto da dolci.

PAT a cake, pat a cake, baker's man,
Prick it and bake it as fast as you can;

Prick it, and bake it, and mark it with B,
And put it in the oven for baby and me.

I NOSTRI CHEF

RICCARDO AGOSTINI

SOLISTA SENZA FRONTIERE

Scriveva Goethe: «Se la giovinezza è un difetto, ce ne correggiamo in fretta». È stato definito, dopo aver passato nove anni nella cucina di Baschi, da Gianfranco Vissani, il più promettente tra i giovani cuochi italiani. E lui, Riccardo Agostini, con piadine, cappelletti e pesce surgelato della pensione Mariuccia, sulla riviera adriatica, non ha mai voluto avere nulla a che fare. Riccardo è un romagnolo tosto come Federico Fellini, Arrigo Sacchi, Giovanni Pascoli: la sua sicurezza giovanile non è affatto un difetto e continua a sorreggerlo, ora che in cucina non ha più frontiere.
Dopo l'esperienza di due anni come executive chef all'*Osteria del Povero Diavolo* di Torriana, nell'entroterra di Rimini, Riccardo dal 2007 ha trovato la sua strada nel paese natio, nel Montefeltro, a Pennabilli, facendolo diventare, oltre che sede del festival di teatro di strada, a giugno, meta di gite golose. Perché, dice, «la cucina è una forma di espressione, volevo poterla fare da solo».
E Vissani, dove arrivò nel 1994? «Lavorare con lui, per me, è stato un modo per formarmi il carattere. All'inizio fu traumatico, perché si incomincia dall'ultimo gradino, poi sono arrivato a essere il suo secondo e ho capito come nasce un piatto. È come andare a teatro: si fa subito la prima, dopo averlo sviluppato nella mente. E tutto parte da un ingrediente, da un'idea...». Ecco perché la sua cucina gioca con le consistenze, gli accostamenti dolce-salato, ma sempre partendo da materie prime eccellenti. Spiega Riccardo: «Io penso che il cliente non abbia paura della cucina innovativa, quando è basata su prodotti tradizionali, come faccio io. Credo a piatti semplici, ma gustosi». *Il Piastrino*, che è subito piaciuto alla critica gastronomica, ne è la dimostrazione.

MEDAGLIONE DI CERVO CON CUORE DI NUTELLA E FEGATO GRASSO (PAG. 82)

IL PIASTRINO

Via Parco Begni 5, Pennabilli (RM)
tel. +39.0541.928106
www.piastrino.it

AIMO E NADIA

IL LUOGO DEL SENTIMENTO

«Se in Toscana si dovesse cancellare il lampredotto (una parte dello stomaco bovino che viene stracotto con il pomodoro ed è venduto come cibo di strada, *nda*), sarebbe come dimenticare Dante». La filosofia di Aimo Moroni, classe 1934, è tutta in questa frase. Nel suo ristorante di Milano, dove l'eleganza degli ambienti e la cultura dell'accoglienza della figlia Stefania gareggiano con la bontà dell'offerta gastronomica, si gusta una «cucina di sentimento» che riassume il meglio della tradizione italiana. Era il 1955 quando, appena ventenne, con la mamma Annunziata e la moglie Nadia, Aimo aprì il suo primo locale, *Da Aimo*, vicino alla stazione Centrale.

Tagliatelle alla bolognese e giardiniera erano i piatti di allora. Oggi gli ingredienti sono più ricercati – tartufo nero di Norcia con il culatello di Cinta Senese; palamita ligure e pistacchi di Bronte; gamberoni di Sanremo con le arance bionde di Sicilia – ma l'ispirazione non è diversa: il sentimento di un ragazzo toscano giunto a Milano con la voglia di lasciare una traccia autentica. E così è stato. Oltre alle stelle e ai riconoscimenti di ogni genere, parla la lista dei personaggi famosi che dal *Luogo* sono passati, da Leonard Bernstein a Billy Joel e Bruce Springsteen.
Una tradizione che non tralascia la creatività. Così gli abbinamenti possono cambiare. Oggi i "padri fondatori" Aimo e Nadia, che sanno sempre trasmettere il grande amore che li unisce e che ha guidato la loro vita ai fornelli, sono coadiuvati da due chef trentenni entrati in brigata, Alessandro Negrini e Fabio Pisani. Dalla Sicilia alla Toscana, dalla Lombardia all'Umbria – come dicono in coro – davvero «nel nostro ristorante non vi è luogo d'Italia che non sia rappresentato».

CREMINO DI NUTELLA E AMARENE IN CROCCANTE DI PANE DI FARRO E FIOR DI SALE DI MOZIA (PAG. 84)

IL LUOGO DI AIMO E NADIA

Via Montecuccoli 6, Milano, tel. +39.02.2416886
www.aimoenadia.com

LIDIA ALCIATI

UN MITO IN CUCINA

Ha scritto Carlin Petrini, presidente di Slow Food: «Che cosa abbia rappresentato *Guido da Costigliole* non occorre ricordarlo (...). Ha dato un senso a parole oggi talmente condivise da apparire abusate: accoglienza, territorio, qualità, serietà». Era il 1961, quando Guido Alciati avviò la sua straordinaria attività di ristoratore con accanto Lidia Vanzino, una giovane del paese, Costigliole d'Asti, che gestiva un altro locale con la madre Pierina. E già negli anni Settanta, Guido fu precursore di un nuovo modo di concepire la ristorazione: un caldo salotto dedicato alla sua grande cucina, nel quale si poteva entrare soltanto su prenotazione, dove la cantina spaziava su cinquantamila bottiglie da tutto il mondo, dove si praticava un menu degustazione personalizzato per il cliente.
Siamo nelle colline di Langa e Monferrato e non è retorica citare Pavese e Fenoglio, che le hanno decantate: Lidia Alciati, che ha tenuto alta la bandiera di Guido dopo la prematura scomparsa del marito nel 1997, è diventata un mito di queste terre. Purtroppo è mancata nel 2010, mentre questo libro era in lavorazione, lasciando una splendida famiglia "diffusa", ma sempre fraternamente unita, come quando i tre "gagni" (ragazzini, in dialetto) in calzoni corti incominciavano a dare una mano ai fornelli (Ugo, classe 1967), in sala (Andrea, classe 1971) o in cantina (Piero, classe 1962). Lidia è stata la capobrigata di una squadra che oggi spazia da Santo Stefano Belbo (CN), a Pollenzo (CN), a Torino. Dal 2001 la "nonna di tutte le cuoche" si era trasferita al Relais San Maurizio che ospita *Guido da Costigliole* a Santo Stefano Belbo, in un convento secentesco sulle colline langarole trasformato in albergo e ristorante, con il figlio Andrea, Monica Magnini (in sala) e Luca Zecchin (vedi pag. 231). Il vitello tonnato di Lidia e i suoi agnolotti sono ormai nel Pantheon della grande cucina italiana.

GLI AGNOLOTTI DI LIDIA ALLA NUTELLA (PAG. 86)

RELAIS SAN MAURIZIO, RISTORANTE GUIDO DA COSTIGLIOLE

Loc. San Maurizio, Santo Stefano Belbo (CN)
tel. +39.0141.841900
www.relaissanmaurizio.it

LIDIA MATTICCHIO BASTIANICH

LA RIVOLUZIONE DEL PALATO

«Dopo la rivoluzione sessuale degli anni Settanta, penso di aver aiutato gli americani a compiere un'altra rivoluzione sociale, quella del palato...». Lidia Matticchio Bastianich è la "signora" della cucina italo-americana. Una «regina», ha decretato il «New York Times». Ma la sua competenza, la sua vitalità, la sua elegante disponibilità verso gli altri ne fanno una vera first lady: con le trasmissioni tv (fin dal 1998, su oltre 50 emittenti americane), i libri, il blog, i 18 ristoranti sparsi negli Stati Uniti – del gruppo B&B fondato con il figlio Joe e Mario Batali –, Lidia ha ormai raggiunto le vette della popolarità. L'ho incontrata a New York nel suo locale *Felidia*, aperto nel 1981: un lungo e affettuoso colloquio a parlar dell'Italia, che visita regolarmente, della cucina italiana, che conosce in modo straordinario, dell'evoluzione di quella italo-americana, di cui è una grande protagonista.

Si rimane incantati ad ascoltare il racconto della «crescita del palato americano», fin dalle sue prime lezioni di cucina, quando faceva la pasta con la madre Erminia, nella loro casetta a Queens. Nata a Pola, Lidia nel dopoguerra ha subito la diaspora dei Giuliani d'Istria, ed è arrivata a New York nel 1958, ancora bambina.

Dopo aver aperto, col marito Felix Bastianich, il primo ristorante, *Buonavia*, nel 1971, Lidia ha spiccato il volo da sola aprendo *Felidia* a Manhattan, dall'altra parte del Queensboro Bridge, in Midtown. È così incominciata una lunga serie di successi, anche grazie alla sua capacità di scegliere i suoi executive chef, come Fortunato Nicotra (vedi pag. 219) di *Felidia*, e alla passione con la quale continua nella sua opera di ricerca, di divulgazione, di rivoluzionaria del gusto.

TENERONE DI MANZO BRASATO E TAGLIATA ALLA GRIGLIA CON PORCINI TRIFOLATI E POLENTA ALLA NUTELLA (PAG. 88)

FELIDIA

43 E. 58th St., between 2nd and 3rd Ave., New York, NY
tel. +1.212.758.1479
www.felidia-nyc.com
www.lidiasitaly.com

MATTEO BERGAMINI

UN GIOVANE TRA I GRANDI

«Considerate la vostra semenza: / fatti non foste a viver come bruti, / ma per seguir virtute e canoscenza». Così scriveva Dante Alighieri nel Canto Ventiseiesimo dell'*Inferno*. Non è certo necessario ripetere questa famosa orazione di Ulisse, al suo equipaggio, anche ai cuochi di maggior vaglia. Infatti per loro è fondamentale seguire un percorso di «conoscenza», da giovani, per riuscire a raggiungere le vette della professione e essere così in grado di guidare una brigata. Perché una brigata di cucina assomiglia molto a una bottega rinascimentale, dove attorno al maestro gli allievi imparano i segreti delle tecniche e degli abbinamenti.
È il percorso che ha fatto Matteo Bergamini, il giovane chef al quale il grande patron Tony May (vedi pag. 218) ha affidato nel 2010 la guida del suo nuovo *SD26*. In realtà Matteo ha bruciato le tappe più di altri, arrivando a questa importante responsabilità appena trentenne. Originario di Toscolano Maderno, sulle rive del Lago di Garda, dopo l'istituto alberghiero ha intrapreso il suo cammino per il mondo alla ricerca della «conoscenza»: prima Bourge en Bresse, in Francia, nel ristorante *La Reyssouze* di Alain Ducasse, per imparare i segreti francesi; poi al *Miramonti l'Altro* di Concesio, in Italia, con Philippe Léveillé; quindi, dal 2003, al *San Domenico* di New York sotto la guida di Odette Fada. Non è mancata una breve esperienza al seguito di un ministro russo, in Egitto e Sudafrica, fino al ritorno definitivo a Manhattan al fianco di Tony May.
Ora la nuova avventura dell'*SD26* lo ha catturato totalmente, per una cucina in cui «la tradizione italiana non vada persa, ma con un tocco innovativo». E quando ha un po' di tempo libero, Matteo ama girare in bicicletta per Manhattan.

CODA DI MANZO BRASATA, RADICCHIO, NUTELLA (PAG. 112)

SD26
Madison Square Park, 19 East 26th Street, New York, NY
tel. +1.212.265.5959
www.sd26ny.com

MASSIMO BOTTURA

L'ARTISTA DELLA MEMORIA

«E a un tratto il ricordo m'è apparso. Il sapore era quello del pezzetto di "madeleine" che la domenica mattina a Combray (...), la zia Léonie mi offriva». Così scrive Marcel Proust nella *Recherche*. Così accade quando si assaggiano i piatti dell'*Osteria la Francescana* di Modena: tornano alla memoria reminiscenze assolute.
Cucina minimalista? No, un artista che nelle sue creazioni sa concentrare l'essenza di un sapore, facendola tornare al palato come una madeleine. Massimo Bottura è uno chef ai vertici della ristorazione italiana, un cuoco-pensante che, come dice, «vive la cucina in modo totale, sempre da contemporaneo», guardando il territorio della sua Emilia-Romagna «con l'improvvisazione delle idee» e il totale «rispetto delle materie prime». Salato e dolce, caldo e freddo, consistenze e ricordi: Massimo progetta e disegna le sue architetture nel piatto partendo da una mortadella, da un merluzzo, da un bollito-non bollito.
La memoria attinge da una di quelle *resdòre* emiliane – le famose cuoche della tradizione popolare –, come Lidia Cristoni che nel 1987 cucinava alla *Trattoria del Campazzo*, tra Modena e Nonantola. Fu lei a insegnargli l'arte dei fornelli, fino a quando Alain Ducasse lo "scoprì" nel 1992. Rimase colpito e si entusiasmò per un suo piatto: così lo portò per sei mesi al *Louis XV* di Montecarlo. «Tanta era la passione, che quasi mi ammalavo per il troppo lavoro...», racconta. Poi l'esperienza a New York, e l'apertura della *Francescana*, nel 1996. Le sue, con la maturità, più che tecniche sono diventate filosofie di cucina, affinché «i sogni si trasformino in sapori». Dal 2000 sono arrivate le stelle e i cappelli delle guide gastronomiche, e tanti riconoscimenti. Bottura, con il suo sguardo sempre vigile, arguto, curioso, non è cambiato. «Io parlo con i miei piatti».

NUTELLA E PANE (PAG. 90)

OSTERIA LA FRANCESCANA
Via Stella 22, Modena
tel. +39.059.210118
www.osteriafrancescana.it

JIMMY BRADLEY

IL MEDITERRANEO A NEW YORK CITY

Come il protagonista del film *Vacanze romane*, il giornalista Joe Bradley (interpretato da Gregory Peck), amava le trattorie ruspanti della capitale italiana, anche lo chef quarantenne Jimmy Bradley è innamorato del sole e dei sapori del Mediterraneo. E li vuole proporre a New York. La sua cucina profuma delle spezie del Marocco, è vivida della luce della Grecia, è permeata dalla sapidità del Mezzogiorno d'Italia. A *The Red Cat* di Chelsea, più raffinato, aperto nel 1999, e a *The Harrison*, in TriBeCa, più elegante, si pratica una «cucina elegante ma rilassata», come ha scritto la Bibbia dei gourmet della Grande Mela, la guida Zagat. Lui dice, del suo modo di intendere questa nuova cucina americana ispirata alla semplicità: «Se si può creare un buon piatto con cinque soli ingredienti, perché usarne dieci? E spesso, tra quei cinque, ci sono l'olio e il limone».
Quando si entra nel *Red Cat*, in uno dei quartieri più alla moda di Manhattan, tra gallerie d'arte e vinerie dal nome italiano, ci si sente abbracciare da un'onda amica, che rende la cena sempre gradevole: tavoli ravvicinati, boiserie in legno e abatjour dalla luce soffusa che infondono un'atmosfera europea al locale. In cucina ci si ispira all'Italia, ma senza esserne prigionieri, con creatività: l'Asparagus risotto si alterna alla Burrata, la Sautè di zucchini alla polenta con il Parmigiano. Jimmy ti guarda con un sorriso enigmatico, gli occhi chiari che ridono più del suo viso, e ricorda le origini del New England, poi l'esperienza in California e a Filadelfia. A TriBeCa ha creato un locale del tutto diverso, più consono a una clientela d'affari «Perché un ristorante, dopo tutto, è soprattutto un posto dove vuoi stare bene, e aver voglia di tornare».

SUNDAE DI GELATO AL CAFFÈ E NUTELLA CON GRUÉ DI CACAO, CROUTON DI BRIOCHE, LIMONE CANDITO (PAG. 92)

THE RED CAT

227 10th Ave. (between 23 & 24th Sts), New York, NY
tel. +1.212.242.1122 - www.theredcat.com

THE HARRISON

335 Greenwich St. (Harrison St), New York, NY
tel. +1.212.274.9310 - www.theharrison.com

ANTONINO CANNAVACCIUOLO

IL GIGANTE DEL BUONO

Se gli si chiede qual è il segreto della sua cucina, strepitosamente «bbbuona», come direbbero a Vico Equense, dove è nato nel 1975, lui risponde: «la pulizia». Una qualità alla quale si arriva, spiega, soltanto dopo un esercizio di «purificazione interiore»: un lavoro mentale che consente di realizzare piatti sorprendenti come i «ravioli del plin alla partenopea» o il «confit di baccalà, zuppa d'orzo e funghi», nei quali i prodotti e le tradizioni culinarie del Nord si fondono con quelle del Sud. Antonino Cannavacciuolo è un gigante nella vita e ai fornelli, che sa creare straordinari piatti di eccezionale delicatezza.
Dalla penisola sorrentina, dopo aver fatto esperienza in diversi grandi ristoranti tri-stellati francesi, "Tonino" è approdato sulle rive del romantico Lago d'Orta, tra Piemonte e Lombardia, dove nel 1999, insieme con la moglie Cinzia Primatesta – appartenente a una famiglia di noti albergatori – ha trasformato una villa ottocentesca di stile moresco in un piccolo, charmant, hotel di lusso. La guglia della dimora voluta dall'industriale Cristoforo Benigno Crespi è visibile a grande distanza ed è magica l'atmosfera che si respira nelle 14 camere restaurate con raffinatezza. Ma è la cucina di Tonino, coadiuvato da anni dal talentuoso Fabrizio Tesse, la vera protagonista. «È come un fuoco che brucia», dice lo chef. E aggiunge: «Voglio portare un prodotto alla sua vera essenza, per riuscire a esaltarlo al meglio». Quando si assaggiano le sue «emozioni di mare» si comprende il significato di quelle parole.
E il buono di Cannavacciuolo sono anche i dessert: pastiera napoletana, cannolo di ricotta, sfogliatine e piccola pasticceria vivono di vita propria, di radici e legami mai recisi. In poche parole, giganti di bontà.

ROCHER DI FEGATI DI CONIGLIO ALLA NUTELLA (PAG. 94)

VILLA CRESPI

Via Fava 18, Orta San Giulio (NO)
tel. +39.0322 911902
www.ristorantevillacrespi.it

CESARE CASELLA

UN TOSCANO VERO A MANHATTAN

Ecco l'uomo che ha fatto conoscere la costata di manzo ai newyorkesi, che ha convinto gli americani che in Francia si mangia bene grazie ai toscani (una certa Caterina de' Medici...), che è riuscito ad aprire una salumeria con il taglio del culatello realizzato al momento, anziché in vaschette igienizzate. Quest'uomo è un *true tuscan* (così ha titolato il suo libro di ricette) come lo sono i sigari prodotti da oltre 150 anni – con doppia bagnatura e lavorazione a mano delle sigaraie – nella sua Lucca. Dire Cesare Casella a Manhattan significa incontrare un sorriso aperto, ricevere una pacca sulle spalle, entrare in una frenetica attività fatta di eventi, degustazioni, scuole di cucina. Cesare oggi è lo chef di *Salumeria Rosi*, elegante locale Upper West Side dove ha ricreato – in società con Parmacotto e grazie agli arredi di un mago del cinema come Dante Ferretti – l'atmosfera frizzante di una norcineria italiana. Ma tutto ebbe inizio negli anni Sessanta, con i genitori Pietro e Rosa del ristorante-trattoria *Vipore* di Lucca, dal quale ha tratto molte sue ricette. E poi negli anni Novanta è incominciata, giovanissimo, l'avventura americana, come executive chef al *Cuoco Pazzo* di Pino Luongo, altro famoso ristoratore toscano in Madison Avenue. Quindi è riuscito ad aprire dei suoi locali: prima *Beppe* nel 2000, quindi *Maremma* (tutti e due *downtown*), infine la *Salumeria Rosi* dal 2008.

A New York i ristoranti si aprono e si chiudono con una velocità inimmaginabile in Europa, ma la passione di Cesare Casella è sempre la stessa: «Voglio far capire al consumatore americano quali sono i nostri veri prodotti, contro quelli che pensano di poterli ingannare con false imitazioni. Gli americani non sono idioti, ormai sono molto più informati di quanto si pensi...». Toscano sì, ma autentico.

CINGHIALE IN DOLCEFORTE CON NUTELLA PER CONDIRE LE PAPPARDELLE **(PAG. 96)**

SALUMERIA ROSI

283 Amsterdam Ave. (between 73rd / 74th St), New York, NY
tel. +1.212.877.4800
www.salumeriarosi.com

MORENO CEDRONI

ADRENALINA AL PROFUMO DI MARE

Chi è Moreno Cedroni? Lo chef dell'elegante ristorante davanti alla statua azzurra della Madonnina, sul lungomare di Marzocca? L'animatore dell'informale *Clandestino suscibar* (scritto così, all'italiana) a Portonovo di Ancona e Milano? Il salsamentario della salumeria ittica *Anikò*? L'artigiano che moltiplica la bontà con l'*Officina*? Uno, nessuno e centomila, scriveva Luigi Pirandello nell'ultimo suo romanzo, per descrivere la frammentazione dell'Io. Moreno ti guarda con i suoi occhi color dell'Adriatico, il ricciolo ribelle, sorride e dice: «Adrenalina, senza quella non riesco a lavorare. "Fuori i secondi", e in cucina nel calore e nella confusione della brigata so di poter dare il meglio. "Fuori un progetto" e so che devo riuscirci, con l'aiuto di mia moglie Mariella e di tutto il mio staff. "Fuori un piatto nuovo", e so di poter fare appello a tutta la mia energia per riuscire a volare ancora».
Chi è Moreno Cedroni? È uno che ama andare a rete, sa fare goal con i suoi piatti, con le sue creazioni uniche, tutte tratte da un mare che ama come il suo mestiere. È uno chef che sfugge all'ovvio. Tutto cominciò il 24 aprile 1984, con un antipasto di lumachine di mare, nel ristorante quasi sulla spiaggia preso con un socio. Poi la voglia di fare da solo, dal 1987, l'incontro con la moglie, "cameriera con dolcezza" che lavorava per la paghetta estiva, i corsi di cucina in giro per il mondo. In due decenni di "teoremi e applicazioni del gusto", non ha mai cessato di spendersi al massimo. Con la bandana sui capelli, il grembiule multicolore, lo sguardo pungente e curioso, un sorriso ironico e silenzioso, Moreno Cedroni è un artista. Ma con una meticolosità quasi ingegneristica.

PIZZA CON NUTELLA, SALE GROSSO, RICCIO DI MARE E OLIO ALLE CLEMENTINE (PAG. 98)

MADONNINA DEL PESCATORE

Lungomare Italia 11, loc. Marzocca, Senigallia (AN)
tel. +39.071.698267 – www.morenocedroni.it

IL CLANDESTINO SUSCIBAR, ANIKÒ SALUMERIA ITTICA, IL CLANDESTINO MILANO, OFFICINA

ENRICO E ROBERTO CEREA

L'OSPITALITÀ NEL DNA DI FAMIGLIA

Lui sarebbe felice di come è decollato questo relais di campagna che a Brusaporto, sulle colline alle porte di Bergamo, raccoglie la sua eredità. Vittorio Cerea, scomparso in una notte d'autunno del 2005, ha lasciato una moglie e cinque figli che tengono alto il nome di una delle più belle famiglie della ristorazione italiana. Due sono cuochi, Enrico (detto Chicco) e Roberto (detto Bobo). Uno è sommelier, Francesco. Due le femmine: Rossella, responsabile dell'accoglienza (con il marito Paolo Rota, chef accanto a Chicco e Bobo), e Barbara, che segue la *pasticceria Cavour* in Bergamo Alta (con il marito Simone Finazzi). Il papà Vittorio, nel 1966, aveva fondato il precedente ristorante, *Da Vittorio*, in Bergamo; e ora a seguirne gli insegnamenti, in questo albergo divenuto tempio del lusso e della raffinatezza, sono in undici, con una cucina da 300 metri quadri in grado di preparare sia i piatti della tradizione bergamasca, sia scampi e pesci freschissimi. L'arrivo della terza stella Michelin, nel 2009, ha coronato un costante impegno quarantennale.
Chicco e Bobo hanno imparato a maneggiare le padelle mentre tiravano le aste sul quaderno. Spiegano: «La passione per quello che facciamo è così grande, che ormai non ci accorgiamo più di passare tante ore in cucina». Dopo i primi passi accanto al padre, hanno frequentato stage in Francia, in Spagna, negli Stati Uniti. I Cerea sono gente concreta, che lavora con lo scopo di accogliere al meglio i clienti: «Ognuno di noi ha un compito preciso, ma riusciamo a essere uniti, perché vogliamo sempre migliorare. Questa è la nostra forza». La grande tradizione del ristorante sono i dessert, creati da Enrico: «I dolci sono il mio grande amore: tutto nasce dal fatto che sono goloso...».

CIABATTA ALLA NUTELLA CON BANANA CARAMELLATA (PAG. 100)

DA VITTORIO

Via Cantalupa 17, Brusaporto (BG)
tel. +39.035.681024
www.davittorio.com

SALVATORE DE RISO

L'ORO DEI LIMONI DI AMALFI

La mousse è lucida, con qualche *julienne* dorata. I profiterole sono candidi, impreziositi da scorzette candite. Le delizie con crema pasticciera sono decorate da un ciuffetto giallo. Anche il tiramisù profuma di Costiera Amalfitana. È la pasticceria realizzata con il "Limone Costa d'Amalfi", il tradizionale "sfusato" dalla forma allungata, che dal 1989 Salvatore De Riso prepara con amore e passione. L'hanno soprannominato l'angelo dei dolci e in effetti non gli mancano mai né il buonumore né il sorriso. «È vero, devo tutto al limone, che è il mio oro», ammette.

Ma Salvatore non è nato pasticciere. Ha incominciato come cuoco – dopo aver frequentato l'istituto alberghiero – nei grandi hotel della Costiera pieni di turisti americani. È stata mamma Carmela a infondergli l'amore per la cucina. Dopo sette anni passati ai fornelli, nel 1988 corona il sogno di confezionare i pasticcini da solo e si sistema nel retro in un bar di 22 metri quadri che papà Antonio aveva nella piazza di Minori. Da quel momento, incomincia la sua fortuna. Crea nuovi dessert, come la famosa Ricotta e pere, cresce la fama per i suoi deliziosi babà, e grazie all'Accademia Maestri Pasticcieri Italiani entra a contatto con Iginio Massari e tanti colleghi con i quali fa squadra per rilanciare l'*italian style* nel mondo, diventando anche una star della tv. Spiega Salvatore: «Ho messo tanto impegno e tanta passione, per affermarmi, ma avevo a disposizione ogni ben di Dio: agrumi, nocciole, ricotta, melanzane, i fichi e la mela Annurca».

Sorride con orgoglio, Salvatore, nel ricordare i riconoscimenti, i premi, gli attestati che sono esposti nel laboratorio di Tramonti. Grazie a papà Antonio, a mamma Carmela e ai limoni. Sfusati, per carità.

TORTA GIFFONESE (PAG. 102)

SALDERISO

Piazza Cantilena 28, Minori (SA)
tel. +39.089.853618
Altri punti vendita a Roma, Avellino, Pompei, Castellammare di Stabia, Nocera Inferiore, Agropoli e San Pietroburgo (Russia)
www.deriso.it

GENNARO ESPOSITO E VITTORIA AIELLO

L'IDENTITÀ DIVENTA SOLARE

Gennaro e Vittoria: il mare del Golfo di Napoli, i profumi mediterranei delle verdure campane, le dolcezze dei limoni della Costiera trasformati in sapori. Un giorno un cuoco di nome Alain Ducasse capitò alla *Torre del Saracino*, un piccolo ristorante praticamente sulla spiaggia. Mangiò tenere fettucce di calamaro, soavi gnocchi profumati al limone, una saporita ricciola e poi si deliziò con quella sfoglia ai fichi. Ne fu estasiato. Tornò a Parigi e al capo dei suoi pasticcieri fece una sfuriata: possibile che da noi non si riesca a fare un dolce così buono? Telefonò a Vico Equense e Vittoria Aiello fu arruolata – come già in precedenza il marito Gennaro Esposito – e portata in Francia per insegnare i segreti dei suoi dessert. «Quelli senza trucchi e senza inganni, basati su ingredienti delle nostre terre come tutta la nostra cucina, rifuggendo da addensanti, trasformanti, additivi e coloranti», come dice lei.

La loro avventura d'amore&cucina s'inizia nel 1992. Vittoria aveva 18 anni, Gennaro 22: matrimonio e ristorante tutto in una volta, giurandosi eterno amore davanti a una zuppa di pere con millefoglie. Racconta Vittoria: «Mio padre aveva un ristorante qui vicino, e ci consigliò di aprirne uno nuovo tutto per noi. Ci arrivò la stella dei francesi dopo tre anni, ma la vera soddisfazione fu quando quel famoso chef venne qui e mi disse che il mio dessert era divino».

Racconta Gennaro: «La cucina è passione, identità. Ho imparato a cucinare gli ingredienti di questa terra che amo, usando tecnica, sapienza, cultura». In pochi anni il piccolo locale dentro una torre di avvistamento saracena è diventato uno dei migliori ristoranti d'Italia. E a Vico ogni anno si danno appuntamento, in amicizia, i più grandi chef italiani per una grande festa sul mare.

MILLEFOGLIE DI STRANOCCIOLA E NUTELLA (PAG. 104)

TORRE DEL SARACINO

Via Torretta 9, Marina di Seiano, Vico Equense (NA)
tel +39.081.8028555
www.torredelsaracino.it

GINO FABBRI

LA TORTA È UN MESSAGGIO D'AMORE

Gino Fabbri, pasticciere-gentiluomo dal viso sorridente e dalla parlata zuccherina tipica degli emiliani, ha interpretato McLuhan e crede a un solo strumento del comunicare: le torte. Ne sforna in gran quantità nel suo laboratorio nella zona artigiana di Bologna. «Dobbiamo essere all'altezza di ciò che il cliente vuole: un compleanno, un momento felice della sua vita, una celebrazione tradizionale legata a una festa, un modo per dire "ti amo" alla persona che gli è cara. E per questo dobbiamo uscire dall'area dei forni e andare al bancone, parlare con chi viene in negozio per riceverne un momento di dolcezza, capire le sue esigenze. Sì, una torta è sempre un messaggio importante, più che ogni altro dolce».
Sull'insegna del laboratorio e sulle eleganti confezioni, dalla grafica essenziale, ora campeggia il suo nome, *Gino Fabbri Pasticciere*; ma fino al 2003 aveva trovato un marchio aziendale più sbarazzino – *La Caramella* – per identificare l'attività aperta nel 1982. Lui ha le mani tra creme e cioccolato fin da quando era ragazzino. Ancora oggi – che è ai vertici della categoria come vicepresidente dell'Accademia Maestri Pasticcieri – quella dedizione non è venuta meno: con umiltà è pronto a mettersi in discussione con tutti i colleghi maestri pasticcieri ed esige sempre che la materia prima usata sia all'altezza della creatività. «Voglio riuscire a trasmettere l'immagine della qualità, far capire che è il nostro sforzo quotidiano», spiega. Se è vero che il suo mestiere, come dice, "si ruba con gli occhi", anche le sue creazioni sono fatte per piacere sia alla vista sia al palato. Il messaggio che infonde Gino è amore, passione e un po' di divertimento. «Lo ripeto ai giovani: dovete avere estro, creatività ma anche trasmettere un sorriso».

TORTA DOLCE RICORDO (PAG. 106)

PASTICCERIA GINO FABBRI

Via Cadriano 27/2, Bologna
tel. +39.051.505074
www.ginofabbri.com

GUIDO MARTINETTI E FEDERICO GROM

CONI D'ANTAN

Uova, latte fresco, panna, zucchero di canna e massa di cacao dell'Ecuador. Sono le materie prime di alta qualità usate per i gusti di base: fiordilatte, "crema come una volta", cioccolato extra-noir. Per altre specialità: caffè Terre Alte di Huehuetenango del Guatemala, nocciole Tonde e Gentili IGP Piemonte, miele di acacia, paste di meliga di Battifollo, frutta fresca proveniente dalla tenuta Mura Mura sulle colline del Monferrato. L'hanno battezzato *Grom il gelato come una volta* e nel maggio 2003 hanno inaugurato la prima bottega a Torino, a pochi passi dalla stazione di Porta Nuova. Hanno scelto un bancone con le "carapine", i secchielli fondi per conservare il gelato ben freddo e protetto dal coperchio, al posto delle vaschette a vista. E da subito si sono formate lunghe code di pazienti estimatori.
Una formula vincente, che nel giro di pochi anni ha fatto moltiplicare quella prima gelateria in tante città italiane, e poi a Parigi, New York, Tokyo. Vengono servite da un laboratorio centrale iper-tecnologico: le sacche con le creme allo stato liquido viaggiano in camion frigo, poi nei singoli negozi sono mantecate al momento. L'azienda è nata da due amici trentenni: Guido Martinetti, che si occupa di materie prime, produzione e comunicazione, e il socio Federico Grom, dedito all'amministrazione e gestione del personale. Spiegano: «L'Italia è famosa nel mondo per il gelato, ma pochissimi lo producono con criteri artigianali di qualità: c'è grande spazio per questo tipo di attività». Con loro, l'arte fredda è tornata di moda. Tutto incominciò al liceo, come confessa Guido: «Sono sempre stato goloso di gelato. Invitavo le ragazze a casa per far assaggiare loro la mia stracciatella con il fondente: come scusa, era meglio di una collezione di farfalle...».

GELATO ALLA NUTELLA E I SUOI ELEMENTI (PAG. 108)

GROM

Piazza Paleocapa 1/d, Torino
tel. 011.5119067 – www.grom.it
Altre gelaterie presenti in tutt'Italia.
New York, NY: 2165, Broadway (and 76th), Upper West Side;
Bleecker Street (and Carmine), Greenwich Village;
1796 Broadway. Altri punti vendita a Malibu, Parigi, Tokyo

IGINIO MASSARI

IL MAESTRO DEI MAESTRI

Saccharomyces cerevisiae. È il fungo che migliaia di anni fa è stato "imbavagliato" dagli uomini per la produzione del vino, della birra, del pane e di tutte le paste per dessert.
Senza il lievito da cucina non ci sarebbero i croissant, il panettone, le brioches. E non ci sarebbe il suo maestro, Iginio Massari. Senza il lievito della conoscenza non ci sarebbe l'arte della pasticceria.
Iginio Massari è il primo membro italiano dell'associazione internazionale *Relais Dessert* (1985), è il fondatore dell'Accademia dei Maestri Pasticcieri Italiani (1993), è campione italiano alla Coppa del mondo di pasticceria a Lione (1997): senza di lui in Italia l'arte dolce avrebbe avuto un'altra storia.

Iginio è un bresciano dal fisico atletico e possente. È l'anima inflessibile di un gruppo di giacche bianche d'eccellenza, che stimola senza mai concedere sconti a nessuno. Il lievito della sua passione sono stati i "casoncelli" – i tipici ravioli bresciani a forma di caramella – preparati a mano dalla mamma, con la sfoglia sottile sottile, e il profumo di minestrone che ha conosciuti nella trattoria di famiglia.
Con la moglie Marì nel 1971, a trent'anni, apre la *Pasticceria Veneto* a Brescia, uno dei luoghi assoluti dell'arte dolce in Italia. Se si chiede a Iginio Massari quale sia il dolce che preferisce, risponde senza esitazioni: «Il panettone, la colomba, il pandoro. Non perché siano legati ad una ricorrenza, ma perché sono fatti con una pasta lievitata, che richiede una lunga lavorazione: alla materia prima e alla maestria del pasticcere si aggiunge l'attesa del tempo». Per lui non esistono confini tra dolce e salato, valgono soltanto quelli tra buono e mediocre: «L'importante – dice Massari – è avere le conoscenze sufficienti per svolgere bene questo lavoro».

SOUFFLÉ ALLA NUTELLA (PAG. 110)

PASTICCERIA VENETO

Via Salvo D'Acquisto 8, Brescia
tel. +39.030.392586
www.iginio-massari.it

TONY MAY

L'AMBASCIATORE TRICOLORE

Parlare di Tony May, a New York City, significa parlare di una bandiera dell'*italian food*, di un uomo che ha dedicato cinquant'anni della sua vita alla ristorazione di qualità, per far dimenticare quell'immagine-stereotipo delle nostre trattorie con le tovaglie a quadretti di Little Italy. E oggi, che guida il GRI, Gruppo Ristoratori Italiani in Nord America, che è il patron, con la figlia Marisa, di un rinnovato ed elegante *SD26* – tre piani arredati da Massimo Vignelli dove si può mangiare o bere qualcosa a tutte le ore – che nel 2009 ha riaperto come ideale continuazione del suo famoso *San Domenico*, Antonio Magliulo può dire di avercela fatta. Non solo a dimostrare che cosa è l'autentica cucina italiana, ma anche a testimoniare come un ragazzo arrivato a 26 anni in America, nel 1963, può incominciare da cameriere e diventare un imprenditore della ristorazione.

Nato a Torre del Greco, primo di otto figli, al *Rainbow Room* del Rockefeller Center iniziò dalla gavetta per diventarne in dieci anni proprietario. È poi la volta del suo primo ristorante italiano, il *Palio* (1986), quindi del *San Domenico* (dal 1988 al 2008), del *Gemelli* e *Pasta Break* (1997, alle Twin Tower, purtroppo distrutti dall'attacco dell'11 settembre, per fortuna il personale fu evacuato in tempo), infine di *SD26*. Il commendator May non è però ancora contento, nonostante il successo personale ottenuto anche con libri e trasmissioni tv. Ora sta combattendo una nuova battaglia: «Contro la falsa cucina italiana, ormai vittima del suo stesso successo negli Stati Uniti. Quello che conta sono le ricette autentiche con prodotti originali, che devono essere interpretate da cuochi italiani...». Un vero ambasciatore, a volte senza troppa diplomazia, per difendere il *made in Italy*.

CODA DI MANZO BRASATA, RADICCHIO, NUTELLA (PAG. 112)

SD26

Madison Square Park, 19 East 26th Street, New York, NY
tel. +1 212-265-5959
www.sd26ny.com

FABRIZIA MEROI

DOLOMITI ALLA CARTA

Fu il naturalista Déodat del Dolomieu a studiare le rocce pallide di queste montagne, a fine Settecento. Chissà se lo scienziato francese ha mai soggiornato a Sappada, nel cuore delle Dolomiti, nella casa in legno costruita in quegli anni che ora ospita il ristorante di Roberto Brovedani e Fabrizia Meroi. Quando si arriva quassù, d'estate si respirano i profumi delle erbe aromatiche raccolte nei prati intorno alla borgata, mentre d'inverno le stube fanno sprigionare gli umori antichi ai legni della casa. Fabrizia Meroi è una delle più talentuose donne chef dei *Jeunes Restaurateurs d'Europe*, associazione nella quale i due titolari del *Laite* sono entrati fin dal 1997, quando ancora il locale non era nell'attuale e raffinata sede. E pensare, come amano raccontare con timidezza e simpatia, che i due si sono conosciuti giovanissimi, quando lui stava in sala in un ristorante e lei in cucina, a lavare i piatti. Insieme hanno fatto tanta strada, sempre con modestia e con tanto lavoro: lui con la sua passione per la cantina, che sa gestire con grande professionalità, lei in cucina con tecniche e abbinamenti sempre più intriganti e perfetti.
La cucina del *Laite* risente dunque delle influenze del territorio circostante, ma non se ne fa condizionare: può essere una sorpresa piacevole per il palato assaggiare i ravioli di patate al ginepro o i tortelli con un innovativo ripieno di faraona grigliata e una delicata salsa di asparagi verdi. Le Dolomiti si dispiegano così nella carta di questo stellato ristorante di montagna con leggerezza e levità. Fino al famoso "prato" offerto come dessert, nel quale la terra è rappresentata con del cioccolato: un piatto che lascia un ricordo dolcissimo di Roberto e Fabrizia.

MILLEFOGLIE DI FOIE GRAS AFFUMICATO CON NUTELLA E CILIEGIE **(PAG. 114)**

LAITE

Borgata Hoffe 10, Sappada (BL)
tel. +39.0435.469070
www.ristorantelaite.com

FORTUNATO NICOTRA

RIGORE DELL'AUTENTICITÀ

Quando Fortunato e Lidia decidono i piatti da inserire in carta, discutono di una ricetta, spiegano che cosa intendono per «autentico cibo italiano», i loro occhi brillano di una luce diversa. Si capiscono con uno sguardo. Lei è friulana, lui siciliano. Ma li accomuna l'amore per l'Italia che sanno trasferire nei menu di *Felidia*, il ristorante di Lidia Bastianich dove Fortunato Nicotra è arrivato, come *chef executive*, nel 1995. Aveva alle spalle già due ristoranti stellati in Sicilia ed esperienze importanti in Piemonte, dove ha studiato presso l'istituto alberghiero Colombatto di Torino. La loro intesa professionale è stata così immediata da convincere il giovane talento di Baucina, piccolo centro del palermitano dove è nato nel 1962, a fermarsi a New York.
Fu una scelta meditata, spiega Nicotra: «Il mio momento di svolta è avvenuto in Sicilia. Dopo gli studi a Torino, città alla quale arrivai bambino e alla quale sono molto legato, e una breve esperienza in Germania, i miei primi successi personali furono nel ristorante Villa Marchese, vicino a Messina, aperto nel 1985 da Franco Marzini. Potevo lavorare con ingredienti freschissimi, il luogo era fantastico e la creatività potè dispiegarsi, alla ricerca dell'autenticità. È lo stesso impegno che abbiamo qui da *Felidia*, cercando prodotti italiani e rinnovando la cucina italiana con uno stile più leggero e attuale».
Fortunato Nicotra è diventato rapidamente una star anche negli Stati Uniti, grazie alla trasmissione tv *Iron Chef* e ai libri di Lidia, ai quali ha collaborato attivamente. Grazie alla sua cucina, la rivista americana "Wine Spectator" ha inserito *Felidia* nella top ten dei ristoranti italiani negli Stati Uniti.

TENERONE DI MANZO BRASATO E TAGLIATA ALLA GRIGLIA CON PORCINI TRIFOLATI E POLENTA ALLA NUTELLA **(PAG. 88)**

FELIDIA

43 E. 58th St., between 2nd and 3rd Ave., New York, NY
tel. +1.212.758.1479
www.felidia-nyc.com

DAVIDE PALLUDA

IL BELLO DEL TERROIR

Alla sinistra del Tanaro, il fiume che in Piemonte scende dalle Alpi Marittime verso il Po, c'è una distesa di colline più nervose dei dolci mammelloni di Langa: da alcuni anni sono diventate meta di pellegrinaggi golosi. Canale è al centro di questo terroir, il Roero: non solo bottiglie di vino, ma anche un locale, l'*Enoteca*, diventato negli anni punto di riferimento della ristorazione di qualità. Fin dall'inizio, come chef e patron, in quel ristorante c'è un giovane che sa interpretare la cucina con forte personalità. «Deve esprimere un messaggio di territorialità, il che non significa una tradizione intesa come scusa per rimanere immobili». Davide Palluda è un enfant prodige che ha appreso l'arte cucinaria fin dal 1988 – neppur maggiorenne –, in quella grande fucina che fu il ristorante *Felicin* di Monforte d'Alba, facendo esperienze anche in Germania, in Francia, in Liguria.
Davide è all'*Enoteca* dal 1995, dove è coadiuvato dalla sorella Ivana, che si occupa della sala: ma lui ama venire tra i clienti a parlare, con quel fascino eternamente allegro, il sorriso scanzonato, la battuta pronta. Per lui la cucina ha sempre una parte ludica. Lo dimostra un suo piatto molto imitato: «il fassone dalla testa ai piedi». Negli ultimi anni ha anche sviluppato una sua linea di prodotti, dalla fonduta ai sughi alle confetture.
Ma soprattutto Palluda è convinto che il cuoco abbia un dovere: «Crearsi una propria personalità e saperla trasmettere. Altrimenti si fa come molti giovani di oggi, che girano di sei mesi in sei mesi nei migliori locali, da grandi ristoratori con forte carisma, ma quando si trovano davanti alla carta del menu non sanno come riempirla». I dessert di Davide, eleganti e raffinati, sono l'espressione di questo teorema: gioia, solarità, passione.

ALBICOCCHE GELATINATE, NOCCIOLO DI NUTELLA E PANE **(PAG. 116)**

ENOTECA

via Roma 57, Canale (CN)
tel. +39.0173.95857
www.davidepalluda.it

MARCO PARIZZI

CREATIVITÀ ALLA PARMIGIANA

«... Ed eravi una montagna di formaggio parmigiano grattuggiato...». Nella sua descrizione del paese di Bengodi, già a metà del XIV secolo, Boccaccio decanta le lodi del formaggio italiano più conosciuto nel mondo. «Lo offro nelle sue varie stagionature, da 12 a 24 a 36 mesi: con i salumi e il vino, è l'unico prodotto che non sia fatto nella mia cucina». A parlare è Marco Parizzi. È un parmigiano doc che ha le idee molto chiare su quali piatti realizzare nel suo bel ristorante al centro della città emiliana: «Niente semilavorati, tutto fatto in casa, dal pane ai dessert». È figlio d'arte: il nonno era oste nella trattoria *Tiratardi* e il padre Ugo ha rifondato il locale di famiglia, spostandolo e ribattezzandolo *Parizzi* nel 1956, conquistando la stella Michelin negli anni Settanta.
Papà Ugo gestiva il locale e lui l'aiutava in sala. «Lavoravo per avere una mia paghetta e i fornelli non mi attiravano ancora». Entrò in cucina quando il padre gli spiegò che il cuoco assunto se ne sarebbe andato. Marco però odiava «la ripetitività di alcuni piatti sempre uguali. Trovai il sistema di innovare la cucina invitando a lavorare da noi alcuni chef emergenti, come Davide Oldani, Claudio Melis e il francese Patrick Masera. Da quest'ultimo, soprattutto, ho imparato tanto...».
Dal 1994 la gestione del locale passa nelle sue mani. Da allora arrivano i riconoscimenti, per una cucina moderna che trova nella leggerezza creativa e nelle materie prime eccellenti i suoi punti di forza. Marco Parizzi, con accanto la moglie Cristina in sala, continua ad avere le idee chiare: «Odio chi parla di piatti "rivisitati": per me è fondamentale il sapore, non le tecniche cucinarie e neppure l'estetica esasperata. Le mie ricette sono piene di gusto, senza compromessi».

DOLCEAMARO DI NUTELLA CROCCANTE **(PAG. 118)**

PARIZZI

Via della Repubblica 71, Parma
tel: +39.0521.285952
www.ristoranteparizzi.it

GIANCARLO PERBELLINI

IL RE DEI DESSERT

Da almeno tre generazioni, in Veneto e in Italia, nominare "i Perbellini" significa parlare di arte dolce. Fu Giovanni Battista Perbellini, nel 1891, a inventare il Pandoro veronese: quel nome fu poi utilizzato dalla grande industria, ma la famiglia ha mantenuto la sua originale ricetta continuando a realizzare l'Offella d'oro. Il figlio Ernesto creò poi il Millefoglie Strachin, un dolce caratterizzato da una sfoglia tirata sottilissima farcita con una soffice crema a base di latte, uova, burro, zucchero e vaniglia. Oggi il quarantenne Giancarlo Perbellini rappresenta la quarta generazione di questa famiglia votata ai dessert. A differenza del padre pasticciere Titta, che ancora lo aiuta in cucina, Giancarlo ha voluto diventare chef: prima ha fatto esperienze in Italia e in Europa (*Taillevent*, *Ambroise*, *Terrasse* in Francia, *San Domenico* di Imola, *Desco* e *12 apostoli* a Verona), poi nel 1989 ha aperto un ristorante che porta il nome di famiglia a Isola Rizza, piccolo centro non distante da Verona e da Bovolone, dove rimangono il laboratorio e il negozio dei dolci.
In pochi anni il ristorante *Perbellini* è arrivato alle vette della ristorazione italiana. Spiega lo chef: «In cucina per me conta molto la stagionalità, ma voglio mantenere sempre alta la tradizione». Sono nati così piatti nei quali c'è un ingrediente principale a fare da filo conduttore, come il famoso «colori e sapori del mare», tra gli antipasti, o i ravioli farciti di pomodoro, vera sorpresa per il palato. Ma è nel carosello infinito dei dolci che ogni goloso può trovare soddisfazione, con quaranta diverse offerte: dallo Strachin al pan di spezie caramellato e albicocche dorate, alla sfera di cioccolato, alla spuma di ricotta fino all'insalata di frutta, ai sorbetti, al gran carrello, davvero da re.

PANE, PICCIONE, NUTELLA E FOIE GRAS (PAG. 120)

PERBELLINI

Via Muselle 130, Isola Rizza (VR)
tel. +39.045.7135352
www.perbellini.com

VALERIA PICCINI

ISTINTO MAREMMANO

Dante l'ha chiamata «Corneto»: è quella zona selvaggia, tra Toscana e Lazio, che oggi tutti conoscono come Maremma. Bisogna lasciarsi il mar Tirreno alle spalle e salire fino all'antico borgo di Montemerano, verso il lago di Bolsena, per trovare l'insegna di questo luogo del gusto, *Caino*, regno della famiglia Menichetti fin dagli anni Settanta. Allora, quando nacque, era una mescita di vino: l'aprirono Angela e Carisio (Caino per gli amici) e sette anni dopo vi entrò per lavorare Valeria Piccini, che dopo qualche tempo andò sposa al figlio Maurizio. Come ama rammentare Valeria, fu subito casa e bottega: «Mio marito prima mi ha mostrato la cucina, poi mi ha sposato...».
Dal 1987, dopo la scomparsa del suocero, i due giovani rimangono soli alla guida del ristorante e decidono di rinnovarlo profondamente, con nuovi piatti, una sala più accogliente, una cucina in cui la tradizione viene esaltata da nuove tecniche che la rendono più leggera. Valeria e Maurizio, che si appassiona soprattutto alla cantina, incominciano a girare l'Europa per conoscere il meglio della ristorazione, facendone tesoro. E arrivano i successi: la prima stella Michelin nel 1991, la seconda nel 1999.
La sua, anche oggi, rimane una cucina di sostanza. Spiega Valeria: «Essere semplici, come mi piace presentarmi nei miei piatti, non significa frenare la mia creatività, ma cercare di avvicinarmi a quello che definisco il "giusto gusto", affinché il nostro ospite possa percepire tutta la nostra passione e l'amore che mettiamo nella preparazione di un menu». Tutto ciò senza dimenticare quello che al *Caino* definiscono «l'istinto». Grazie al quale è nato uno dei suoi piatti preferiti, il Raviolo di Cinta senese con brodetto di gallina e castagne e piccole verdure all'aceto balsamico: sapidità del maiale a contrasto con il dolce della castagna...

NUTELLA, CIOCCOLATO, LIQUIRIZIA (PAG. 122)

CAINO

Via Canonica 3, Montemerano (GR)
tel. +39.0564.602817
www.dacaino.it

GIOVANNI PINA

LA TERAPIA DEL BIGNÈ

«È dentro di noi un fanciullino, che non solo non ha brividi (...) ma lagrime ancora e tripudi suoi». Così Giovanni Pascoli scriveva ne *Il fanciullino*. Non paia stravagante questa citazione nel presentare Giovanni Pina, pasticciere a Trescore Balneario, centro termale non lontano da Bergamo, dove la sua famiglia esercita l'arte bianca da tre generazioni. È lui a rammentarlo, cercando di spiegare perché un giorno, studente universitario, avendo di fronte la possibilità di diventare medico oncologo, decise di rimanere nel laboratorio di papà Mario, dove già nonno Giovanni creava i suoi dolci fin dal 1920. «Mi sono visto attorno a fare codazzo dietro a un primario. Mi sono detto che sarebbe stato più bello dare gioia alla gente con una scultura in zucchero, vedere il loro sorriso, ritrovare il bambino che c'è in loro, come scriveva Pascoli...».

Sarà perché in famiglia c'era un bisnonno che aveva come nome di battesimo Ricciotti (come il patriota Nicola, fucilato con i fratelli Bandiera) ed era un fervente garibaldino, ma Gianni Pina non ha mai preso la vita con apatia. Né si sente un medico mancato. Ora è un affermato pasticciere. Nella sua carriera nell'arte bianca decisivo è stato l'incontro con Iginio Massari, al quale è succeduto dal 1999 come presidente dell'Accademia Maestri Pasticcieri Italiani.

La terapia personale di Gianni Pina per somministrare felicità non è a base di analgesici e antibiotici, ma di bignè alla crema, biscotti, panettoni e torte. Memore del soprannome che dalle sue parti avevano dato alla famiglia Pina "i Ricciotti o i Ciotti" – da qualche tempo ha creato dei dolcetti a base di farina di mais che ha chiamato «Ba... Ciotti». Pascoli approverebbe.

SORRISO (PAG. 124)

PASTICCERIA PINA

Via Locatelli 14, Trescore Balneario (BG)
tel. +39.035.940344
www.pasticceriagiovannipina.it

VITO POLOSA

AROMA DI BASILICATA

Polpo grigliato, Linguine al cartoccio, Agnello scottadito e Gianduia panna cotta: a leggere il menu di *Aroma Kitchen & Winebar*, *downtown* Manhattan, pare di essere in Italia. Vito Polosa, giovane chef nato nel 1972 in quel di Acerenza, nel centro della Basilicata, ha fatto di tutto per portare l'"aroma" dell'*italian food* nel suo ristorante aperto a New York nel 2005, con la moglie Alessandra.

Perché lui il profumo dei sapori veri l'ha respirato fin da piccolo, quando andava in campagna a spremere le olive al frantoio del nonno. Racconta Vito, con quel suo sguardo ironico e aperto: «I contadini venivano da noi a farsi fare l'olio e in cambio ci davano del vino: così mi sono specializzato nel campo

enologico. Avrei voluto aprire una vineria, pensavo che sarebbe stata una esperienza piacevole, nella vita...».
Aveva poco più di vent'anni, nel 1993, quando arrivò a New York: era venuto in vacanza per trovare suo fratello. Doveva restare un mese, invece si fermò. E incominciò a lavorare come aiuto-cuoco in diversi ristoranti, fino a quando non decise di fare il grande passo e di mettersi in proprio. Oggi il suo locale, piccolo e romantico, è diventato molto alla moda tra i giovani americani, che sanno di poterci trovare un piatto vero e onesto della cucina italiana, oltre a ottime etichette: è arredato con pochi tavoli al piano terra, una sala riservata sotterranea e tanta simpatia anche dietro al bancone di mescita. Dicono insieme Vito e Alessandra (che è originaria di Malta): «Noi amiamo la terra e i suoi prodotti e la nostra infanzia nel Mediterraneo ne è sempre stata influenzata: erano le grandi tavolate di famiglia dove il cibo era momento conviviale molto importante. Vogliamo poter trasmettere questo piacere a tutti». Con il giusto aroma!

SEMIFREDDO ALLA NUTELLA (A PAG. 126)

AROMA KITCHEN & WINEBAR

36 E 4th St (East Store), New York, NY
tel. +1.212.375.0100
www.aromanyc.com

NICOLA E PIERLUIGI PORTINARI

L'IMPRONTA DELL'AUDACIA

In Veneto c'è un paese – tra Verona e Vicenza, ai piedi dei Colli Berici – che si chiama Lonigo. Un tempo c'era un'osteria di tre sorelle, che dal 1987 è gestita da due fratelli: Nicola e Pierluigi, che di cognome fanno Portinari. Per inaugurare il nuovo ristorante quei due ragazzi, che non avevano ancora trent'anni, decisero di fare come la serva francese Babette nel romanzo di Karen Blixen. Un giorno Babette disse alle sue padrone Martina e Filippa: «mesdames, consentitemi di dare il meglio di me». Nicola e Pierluigi non avevano vinto la lotteria come lei, ma nel 1988 offrirono pranzo a tutto il paese. Avevano deciso di chiamare il loro nuovo locale *La Peca*, che in veneto significa l'impronta. Da quel momento, come nel villaggio del famoso incipit del *Pranzo di Babette* – «in Norvegia c'è un fiordo che si chiama Berlevaag» – tutti capirono che cosa vuol dire cucinare bene: «i sapori di sempre con vera audacia», come scrissero di loro gli spagnoli di "Lo Mejor".
Nicola sta ai fornelli mentre Pierluigi cura la sala, con importanti incursioni in cucina per i dessert. Dicono: «La tradizione e il ricordo devono essere rivisti mantenendo però i sapori intatti, nella loro essenza». E quando sulle colline intorno al ristorante le anziane donne del paese raccolgono erbette di campo, la carta della *Peca* cambia, profuma di quegli steli, si adatta, come nei periodi in cui ci sono le patate di Rotzo o gli inarrivabili "zotoli", le microscopiche seppie di Chioggia.
Nei suoi dessert Pierluigi infonde sempre un'impronta innovativa: «Noi dobbiamo offrire momenti di piacere subitaneo, che devono essere leggeri». Professionalità, tecnica, passione, sono la loro vera peca che rimane nel cuore. Audacia sì, ma con i piedi bene per terra.

TRAMEZZINI ALLA NUTELLA CARAMELLATI CON GELATINA DI MANDARINO AL PEPE DI SZECHUAN E CREMA DI YOGURT E ZAFFERANO (PAG. 128)

LA PECA

Via Giovannelli 2, Lonigo (VI)
tel. +39.0444.830214
www.lapeca.it

ANTONELLA RICCI

UN FORNELLO A DUE PIAZZE

Tutto nacque nel 1967 attorno al classico "fornello" per cuocere gli spiedi di salsicciotti di vitello, i "marri" (involtini ricavati da interiora di agnello) e l'agnellone con cipolla: un fuoco che deve stare acceso per ore e poi languire con le braci per rosolare al meglio le carni. Una tradizione pugliese che ha fatto diventare famosa questa piccola trattoria a Ceglie Messapica, importante centro agricolo del Salento. Angelo Ricci serviva in sala, la moglie Dora stava in cucina. La figlia Antonella, mentre studiava e si laureava in Scienze politiche, dava una mano, guardava e imparava il mestiere.

Sono passati quasi vent'anni e quella bimba ora è una delle chef più promettenti e vivaci dei *Jeunes Restaurateurs d'Europe*, perché ha saputo trasformare il locale di famiglia. Le orecchiette, gli affettati, il cosciotto di capretto ci sono ancora, ma i profumi mediterranei e le erbe aromatiche si sono mescolati ad altri più esotici: vaniglia, curry, pepe. Il *Fornello* si è infatti allargato a esperienze multietniche, a una cucina fusion appena accennata. Tutto ha origine nel 1998. Antonella, non ancora trentenne, va alle isole Mauritius per una settimana dedicata alla cucina italiana, in alcuni grandi alberghi. E là conosce un giovane e promettente chef: Vinod Sookar.

S'inizia così la loro favola d'amore, coronata dal matrimonio, e dalla decisione di stare insieme anche in cucina, sempre fedeli alle tradizioni pugliesi, come le famose polpettine che aprono ogni menu o i biscotti cegliesi che lo chiudono. Raccontano Antonella e Vinod: «Siamo una coppia giovane, ci piace sperimentare, con qualche nota dal mondo nei nostri piatti...». Mamma Dora sorveglia in cucina, mentre la sorella Rossella, tra un concerto e l'altro, si occupa con professionalità di vino e accoglienza.

FIORI DI ZUCCHINA FARCITI DI RICOTTA E NUTELLA SU ZUPPETTA TIEPIDA AL RHUM (A PAG. 130)

AL FORNELLO DA RICCI

Contrada Montevicoli, Ceglie Messapica (BR)
tel. +39.0831.377104
www.riccistor.it

ROBERTO RINALDINI

DOLCEZZE "PRET-À-PORTER"

Le sue creazioni, zuccherine e profumate da zibibbi e mieli, non correranno mai il rischio che Charles Baudelaire tratteggia descrivendo la malasorte nei *Fleurs du mal* (XI – *Le guignon*), quando si chiede: «*maint joyau dort enseveli / dans les ténèbres et l'oubli*». Quanti gioielli dormono sepolti nelle tenebre? Nessun oblio per Roberto Rinaldini e le sue sfilate di "dessert à porter": opere d'arte di cioccolato, zucchero, frutta. Dolci da vedere prima che da mangiare, che dispensa in una piccola boutique del centro di Rimini. Roberto, entrato giovanissimo tra i maestri dell'Accademia Maestri Pasticcieri, è diventato rapidamente famoso. Ha applicato le leggi del glamour all'arte bianca e ogni sei mesi presenta le collezioni preparate con la moglie Nicole. E nel 2006 ha conquistato con Colalucci e Tonon la Coppa del Mondo di gelateria, dopo aver ottenuto vari riconoscimenti a Barcellona, Lione, Lussemburgo.

«Questo mestiere ormai è la mia vita, lo amo in tutte le sue sfumature. E la mia ambizione è riuscire a rendere buono e bello tutto ciò che faccio, in modo innovativo», racconta Roberto. Il padre, albergatore a Rivabella, da uomo pratico gli pose un aut aut, quando aveva 18 anni: trovati un lavoro serio. «Forse la pallavolo, alla quale mi dedicavo da ragazzo, ha perso un campione, ma ci ho guadagnato io. Andai a fare il garzone di pasticceria e presi la mia nuova attività con spirito sportivo, cercando di vincere...».

E così è stato. Dal 2000, chiuso l'albergo, Rinaldini ha incominciato a impastare, cuocere, decorare praline e pasticcini. «Si lavora dalle cinque del mattino alle otto di sera, ci si allena per le competizioni internazionali, si cerca di crescere senza rimanere chiusi nella riviera romagnola, ma con uno sguardo sul mondo».

PIADINA ALLA NUTELLA (PAG. 132)

PASTICCERIA RINALDINI

Via Coletti 131, Rimini
tel. +39.0541.27146
www.rinaldinipastry.com

NIKO ROMITO

UN SORRISO TRA LE MONTAGNE

«Mi piace cucinare: da un prodotto si può creare un piatto che conquista una persona e la fa emozionare. Il lavoro del cuoco è molto delicato, noi manipoliamo qualcosa che gli altri ingeriscono. E quando un mio cliente ha mangiato bene, lo capisco da come mi guarda». Nei grandi occhi nocciola di Niko si legge che la sua scelta di stare dietro i fornelli non è frutto del caso. Poteva andare in uno studio professionale dopo gli studi in economia e commercio avviati a Roma. Invece è rimasto a Rivisondoli, nel suo paese abbarbicato a 1300 metri, sulle montagne abruzzesi, dove papà Antonio gli ha trasmesso l'amore per il cibo: là, cerca ancora il sorriso che scorgeva nei clienti domenicali prima della pasticceria e poi della trattoria di famiglia. Là è nato nel 1995 un piccolo ristorante: si chiama *Reale*, in onore del palazzo nobiliare nel quale è ospitato. Quando il padre mancò, Niko e la sorella Cristiana decisero, con una buona dose di coraggio e ottimismo, di continuarne l'avventura nel mondo dell'alta gastronomia. Poi, dal 2000, dopo aver totalmente rinnovato il locale, è incominciata la scalata verso il successo e la fama internazionale, raggiunte alla soglia dei trent'anni.

«La mia cucina è semplice, con pochi ingredienti, ma la voglio esplosiva e nel contempo armonica». Niko sorride quando ricorda la sua storia di studente abruzzese che un giorno decide di fare un corso di cucina a Roma. In pochi anni, Niko è arrivato ai vertici della ristorazione italiana, ha conquistato due stelle Michelin, numerosi premi, e lusinghieri apprezzamenti dalle *first ladies* del G8, svoltosi a L'Aquila nel 2009, quando ha cucinato per loro. «Partendo da zero, per me è stata un'esplosione inaspettata...», confida oggi.

NUTELLA, PANE E FINOCCHIO (PAG. 134)

REALE

Viale Regina Elena 49, Rivisondoli (AQ)
tel. +39.0864.69382
www.ristorantereale.it

ALFREDO RUSSO

UNO STIL NOVO IN REGGIA

Gioia, tormento, passione d'amore, con un che di inespresso e poetico. Così intendevano la letteratura italiana gli stilnovisti a metà del XIII secolo. Come Dante nel Canto numero 24, del *Purgatorio*, anche Alfredo Russo ha voluto adottare questa espressione poetica per definire la sua cucina: si sente un innovatore rispetto al passato, pur rimanendo legato alle radici piemontesi. Dopo anni di successi nella sede di Ciriè, nel Canavese, il *Dolce Stil Novo* dal settembre 2008 è ospitato nel Torrione Est dello splendido restaurato castello di Venaria Reale. Ha aggiunto *alla Reggia* al nome originario e ha conquistato ancor di più il favore della clientela e della critica, in una sala dove la moglie Stefania è la padrona di casa dedita all'accoglienza. Alfredo è convinto che la cucina sia una sorta di "necessità interiore", legata alla materia da manipolare. È la spontaneità che può nascere, d'improvviso, da un pomodoro particolarmente profumato o da un pesce arrivato dal mare con l'occhio più vispo del solito.

«Voglio riuscire a trasmettere un po' di gioia e di divertimento con i miei piatti. Lascio sempre in carta una "sorpresa" da offrire al cliente. Se non ci divertiamo noi, di conseguenza non prova piacere neanche il cliente», dice con quegli occhi scuri che denotano una famiglia pugliese alle spalle. La sua cucina è evoluzione, movimento, leggerezza. E la vera passione di Alfredo Russo rimangono i dessert. Alla sua tavola se ne possono degustare fino a dieci, in rapida sequenza. In quelle delicatessen c'è una ricerca di consistenze, aromi, profumi giocati soprattutto con il cioccolato. «Sono pensati come dolci-non-dolci, con contrasti delicati e con uno stile un po' particolare». Sempre nuovo.

PANE E NUTELLA (PAG. 136)

DOLCE STIL NOVO ALLA REGGIA

Piazza della Repubblica 4, Venaria (TO)
tel. +39.011.4992343
www.dolcestilnovo.com

PAOLO SACCHETTI

DALLA CASA DEL POPOLO AL NUOVO MONDO

La sua storia potrebbe ispirare a Nanni Moretti qualche scena del «musical sul pasticciere trotzkista nell'Italia conformista degli anni '50» che non ha mai girato, nonostante l'abbia annunciato in *Caro Diario*. Il set è tra Figline Valdarno, Sesto Fiorentino e Prato. La storia si inizia in campagna, dove c'è un ragazzino goloso che amava "strogolare", pasticciare con le verdure dell'orto e con le uova fresche. A 16 anni il padre lo mandò a bottega per imparare il mestiere. Dopo qualche anno aprì la pasticceria *Rinascita* in una Casa del popolo. La storia ha un lieto fine, a Prato, nel 1989, quando inaugura un laboratorio con le vetrine in centro: si chiama *Nuovo Mondo*, un'era diversa per cantucci, ricciarelli, panforte, schiacciatina. La storia appartiene a Paolo Sacchetti, vicepresidente dell'Accademia Maestri Pasticcieri Italiani.
«Sono stati anni di duro lavoro, e anche adesso ci si alza alle 5 del mattino e si va avanti fino alle otto di sera, domeniche comprese. Però io non sono uno di quei titolari d'azienda che vogliono restare soltanto in laboratorio. Mi piace stare "davanti", anche se c'è già mia moglie, che è socia con me. Mi interessa poter vedere i clienti, sentire i loro giudizi sui miei dolci». Paolo Sacchetti è molto esigente: sceglie personalmente la materia prima. «Per me, che sono nato in campagna, le uova, il latte, le ciliegie e le albicocche sono beni importanti, che mi interessa valorizzare con la mia produzione. Da me non troverete mai un dessert fuori stagione».
Se non è il pasticciere trotzkista che cerca Moretti, certamente ha un punto di contatto con il regista romano: quella Vespa che riuscì a comprarsi da ragazzo con i soldi guadagnati facendo l'apprendista di pasticceria nella Casa del popolo, dove iniziò la sua dolce avventura verso... un nuovo mondo.

CLAFOUTIS ALLE PERE CON NUTELLA (PAG. 138)

PASTICCERIA CAFFÈ NUOVO MONDO

Via Garibaldi 23, Prato
tel +39.0574.27765

VITTORIO SANTORO

LA PEDAGOGIA DEL PROFITEROL

Bisogna imboccare la tangenziale di Brescia e arrivare nella zona industriale per capire chi sia Vittorio Santoro. Dal 1997, tra i banchi tirati a lucido, nelle aule con forni e banchi frigorifero modernissimi, si sono avvicendati i migliori professionisti dell'arte cucinaria, formando cuochi, pasticcieri, cioccolatieri, gelatieri... Una pedagogia del profiterol che nasce da un progetto voluto dal presidente dell'Accademia Maestri Pasticcieri, Iginio Massari, che ha trovato in Vittorio un collaboratore di eccezionale professionalità. In quell'edificio, nella periferia bresciana, sono passati migliaia di allievi, tra giovani stagisti e affermati professionisti alla ricerca delle ultime novità nell'Arte, Scienza, Tecnologia dell'Alimento, come si definisce la *Cast*.
Vittorio è uno di quei "figli del Sud" che alla fine degli anni Sessanta venne a Milano, giovanissimo, per cercare fortuna. Le vetrine rutilanti della metropoli furono lo stimolo per migliorarsi, imparare, puntare verso l'alto. Poi arrivò un'esperienza lavorativa a Londra e quindi la possibilità di farsi avanti da solo attraverso concorsi, incontri, meeting internazionali.
L'idea di una scuola per alta pasticceria doveva avere le gambe per camminare: la storia della *Cast Alimenti* è indissolubilmente legata a Santoro. Da quel momento Vittorio ha dovuto perdere la ribalta di un proprio laboratorio e dedicarsi a migliorare una categoria che aveva bisogno di maggiore professionalità e preparazione. Da direttore della scuola, Vittorio trasmette la sua serietà e passione. «Questo mestiere non può affidarsi sull'intuito o sulla genialità momentanea. Serve una cultura di base, una formazione continua, una conoscenza scientifica degli alimenti che poi i clienti potranno apprezzare nelle nostre realizzazioni».

SOFFICE MORBIDO E CROCCANTE A BICCHIERE (PAG. 140)

CAST ALIMENTI

Via Serenissima 5, Brescia
tel. +39.030.2350076
www.castalimenti.it

BARBARA E DAVIDE SCABIN

GENIO E REGOLATEZZA

Sono come il gufo e l'allodola. Lui è il genio dalla vita notturna, lei è la fresca anima della diurna continuità, infaticabile sostegno del fratello, in una fabbrica dei sapori all'ombra di un castello toccato dalla magia dell'arte contemporanea. Non poteva esserci collocazione migliore, per Davide e Barbara Scabin, anima e motore di un ristorante definito un luna park per i gourmet, dove si sperimentano "progetti di cucina". Non è una contraddizione: Davide Scabin sostiene che una grande brigata di cucina deve organizzarsi il lavoro in modo ingegneristico e preciso, per dare continuità alla creatività.

Davide progetta, Barbara organizza. Davide inventa e Barbara realizza. Davide ha studiato in un istituto alberghiero e poi ha seguito vari stage in giro per l'Europa. Barbara ha frequentato l'istituto d'arte, e ben presto è stata cooptata nell'avventura del fratello. Davide il genio, Barbara la regolatezza. Spiegano: «Disegnare un piatto per noi non è una forma estetica, attiene alla nascita di quella proposta. E prima che esca dalla cucina lo guardiamo, seduti ad un tavolo, per "leggerlo" con lo stesso sguardo del cliente».

La carriera di Davide Scabin nasce nel 1993 in un locale di Almese, centro alle porte di Torino verso le Alpi, chiamato *Al Combal*. Il *Punto Zero*, dal 2002, ne costituisce la naturale evoluzione. Ma la sua "prima volta in cucina" avvenne già nel 1980 a Fiano Torinese. Oggi, nel parallelepipedo accanto al Castello di Rivoli, può succedere di tutto: un menu degustazione con 14 portate sorprendenti, dal Cyber egg alla Matrioska (di cipolla) di Tropea, una cena tradizionale con agnolotti e vitello tonnato, un evento per cento persone. «Nel mio locale è vietato dire: questo piatto è venuto bene. Si dice: "l'ho realizzato così"». Genio o regolatezza?

TOAST ALLA NUTELLA E POMODORO (MÈC COMBAL) A PAG. 142

COMBAL.ZERO

Piazza Mafalda di Savoia – Castello di Rivoli, Rivoli (TO)
tel. +39.011.9565225
www.combal.org

EMANUELE SCARELLO

DA SEMPRE TRA AMICI

A giugno il dazio sul frumento aumenta da 1,40 a 3 lire al quintale, in agosto Francesco Crispi assume la presidenza del Consiglio, a dicembre nasce la Triplice alleanza tra Italia, Inghilterra e Austria. A Godia, frazione di Udine verso la Carnia, sono da poco arrivati gli italiani, dopo gli austro-ungarici. È il 1887. Nella rivendita di generi alimentari si parla *furlan* come sempre. «Il mio trisavolo aveva avuto la licenza come buonuscita dal re». Poi nel 1920 incomincia l'attività di mescita. «A un certo punto mio padre Tino e mia mamma Ivonne, decisero di trasformare il bar e aprire la trattoria *Agli Amici*». È il 1963.

Passano ancora otto anni e nasce Emanuele Scarello. Con la collaborazione della sorella Michela, la vecchia trattoria si trasforma. Dopo la scuola alberghiera, Emanuele va in Spagna, in Austria, in Francia; poi nel 1997, lui in cucina e lei in sala, prendono in mano l'azienda di famiglia. Arriva la stella dei francesi nel 2000, il locale diventa un elegante ristorante e nel 2009 Scarello viene eletto presidente italiano dei JRE, i *Jeunes Restaurateurs d'Europe*.

«Per qualche settimana abbiamo avuto qui, per seguire uno stage, un giovane che lavorava da Tony May, a New York. Una mattina, dopo il mio giro al mulino per le farine macinate a mano e in un caseificio per le ricotte, mi guarda stupito e mi chiede: "Scusa, ma dov'è il business?". Per me è questo: svegliarmi ogni mattina per cercare qualcosa di buono da cucinare». Nonostante le invenzioni pirotecniche con gelatine, contrasti freddo-caldo, sorprese nel piatto, *Agli Amici* non dimenticano i prodotti della loro "terra fortunata", a metà tra mare, pianura e montagna, interpretati con creatività ironica, solare e giocosa. Con la stessa ospitalità dal 1887.

NUTELLA E GRISSINI (PAG. 144)

AGLI AMICI

Via Liguria 250, Frazione Godia (UD)
tel. +39.0432.565411
www.agliamici.it

MAURO ULIASSI

COLPO DI FULMINE ALLA BANCHINA DI LEVANTE

L'elegante signora al tavolo assaggia il piatto di Ricciola con il riccio mantecato. È un'esplosione di mare allo stato puro. Addenta il piccolo concentrato e le scappa di dire, al marito: «Ma questo è da orgasmo». Lui la guarda, imbarazzato: «Sì, cara, ho sentito lo scoglio». Può succedere tra i tavoli alla banchina di Levante di Senigallia, dove in cucina c'è un tipo svelto dallo sguardo tenebroso. Uno alla Charles Aznavour, il ricciolo ribelle con il tirabaci, l'accento marchigiano.

Mauro Uliassi ha scelto di fare il cuoco per amore, quando aveva già un biglietto in tasca per Parigi, dove lo aspettava il grande Pierre Hermè per andare a lavorare con lui da *Fauchon*. Correva l'anno 1983, Mauro era un tipo da discoteca, da sidecar, da spiaggia. Guadagnava bene nei locali con fritto misto e grigliata della Riviera Adriatica e studiava sociologia all'Università. Poi incontrò una sociologa: meglio che la sociologia, sicuramente. «Fu un colpo di fulmine». Lui se ne innamorò e per conquistarla preparò una sorta di *Pranzo di Babette* con due giorni di lavoro. Risultato: la sociologa è diventata sua moglie e lui qualche anno dopo ha aperto, nel 1990, il locale *Uliassi* che oggi gli ha dato fama internazionale. Non con la moglie, che continua a fare la sociologa, ma con la sorella Katia in sala.

Lui conferma: «Faccio cucina perché sono innamorato. Sono innamorato della gente che viene da me, voglio conquistarla con le mie creazioni, grazie a una brigata che sa pensare, lavorare, agire come una grande orchestra. Anzi, vorrei dire che lo chef è soltanto la punta di un iceberg...». Una cena alla Banchina di Levante, siatene sicuri, è sempre un colpo di fulmine.

WAFER DI FEGATO GRASSO DI ANATRA E NUTELLA CON SHOT DI KIR ROYAL (PAG. 146)

ULIASSI CUCINA DI MARE

Banchina di Levante 6, Senigallia (AN)
tel. +39.071.65463
www.uliassi.it

LUISA VALAZZA

E LUCEAN LE STELLE

Nonostante sia ai fornelli da quasi trent'anni, da quando era giovanissima, non ha mai messo da parte la voglia di sperimentare, di rimettersi in gioco, di provare nuove esperienze. Sarà perché viaggia molto, invitata nel mondo a rappresentare la cucina italiana, sarà perché nel suo ristorante di *charme* tutto funziona alla perfezione, grazie alla grande professionalità del marito Angelo, sarà perché la presenza in azienda della figlia Paola fa ben sperare per la continuità del ristorante, ma il buon umore di Luisa Valazza non viene mai meno, nonostante la fatica di un mestiere che non ha mai regalato soddisfazioni mediatiche alle donne. Per lei, definita di volta in volta la pro-

fessoressa della cucina, la regina della ristorazione, l'artista del menu, creare un piatto è soprattutto un momento di gioia. Siamo nell'Alto Novarese, nel Nord del Piemonte, in un grazioso e tranquillo paesino dove si trova questo presidio del circuito Relais & Châteux diventato tra i più noti d'Italia, da quando, alla fine degli anni Novanta, sul ristorante arrivò la mitica terza stella Michelin. Da gran dama della cucina italiana, Luisa Valazza insiste sulla difesa della vera tradizione: «Ormai i prodotti italiani all'estero si trovano dovunque, mentre un tempo era più difficile reperirli: ma pochi sanno usarli...».
In un momento di grande cambiamento, di rincorsa delle mode e delle tendenze, *Al Sorriso* di Soriso si punta sulla raffinatezza: riso con zucca gialla e amaretti, triglie di scoglio e topinanbour, filetti di capriolo con mela. Era il 1981 quando quella ragazza laureata in Lettere e quel gentleman dell'accoglienza inauguravano il loro ristorante, un sogno d'amore a lungo desiderato: le stelle della Tosca continuano a luccicare.

BON BON DI FEGATO D'ANATRA, NOCCIOLE E NUTELLA CON PESCHE E GELATINA MORBIDA DI RECIOTO (PAG. 148)

AL SORRISO

Via Roma 18, Soriso (NO)
tel. +39.0322.983228
www.alsorriso.com

ILARIO VINCIGUERRA

PROFUMI DA GUSTARE

Le istruzioni per gustare il piatto che apre la sarabanda di sorprese e piacevolezze arrivano da Marika, che con professionalità si occupa dell'accoglienza: «Si deve aprire la sfera di plexiglas e annusare gli effluvi provenienti dai gamberi freschissimi di Mazara del Vallo e di olio extravergine di oliva. Quindi dovete richiudere e shakerare in modo da mescolare gli altri ingredienti, i fiori eduli e le gelatine con i limoni di Sorrento e con il nero di seppia. La base di ghiaccio e Gin tonic serve a dare una nota alcolica finale». E che dire della pastiera servita su un cucchiaio con un biscotto e una sferificazione?
Siamo sulle rive del lago di Varese, in un piccolo paesino dove un tempo c'era l'*Antica Trattoria Monte Costone*. Qui dal luglio 2000 è cambiato tutto, con il giovane e talentuoso chef Ilario Vinciguerra, classe 1975, che con la moglie Marika in sala ha dato un'impronta innovativa al menu di questo ristorante dall'atmosfera raccolta. Quel piatto d'apertura gli è valso un premio importante, alla rassegna spagnola *Lo Mejor de la gastronomia*, nel 2007: si chiama "Profumo" ed è uno dei cavalli di battaglia del locale.
Ilario lo spiega senza mezzi termini: «La cucina deve essere divertente, fornire sensazioni, portare un sentimento fino dentro il piatto. Vorrei che il mio menu fosse riconoscibile anche a occhi chiusi». Lui del resto ha bruciato le tappe sempre alla ricerca di qualcosa di nuovo: napoletano doc, dopo la scuola alberghiera di Formia ha lavorato in vari ristoranti stellati francesi, compreso il *Louis XV* di Ducasse a Montecarlo, al *Residence de la Pinede* di Saint-Tropez, in Germania, Svizzera, Belgio, per poi tornare in Italia al *Don Alfonso* sulla Costiera Amalfitana. Oggi il suo *sous-chef* è giapponese: le contaminazioni continuano.

FRAGO-CIOCC (PAG. 150)

ILARIO VINCIGUERRA RESTAURANT

Via IV Novembre 10, Galliate Lombardo (VA)
tel. +39.0332.947104
www.ilariovinciguerra.it

JONATHAN WAXMAN

IL LUSSO DELLA SEMPLICITÀ

Considerato come uno degli "americani più influenti" degli ultimi anni dalla rivista "Esquire", Jonathan Waxman ha contribuito a far nascere la Nuova Cucina Americana, con intelligenza, ironia, savoir faire tutti europei e una grande passione per l'Italia. I suoi piatti sono semplici, freschi, ricchi di sapore. E lo erano già a metà degli anni Ottanta, quando Jonathan, arrivato dalla West Coast dopo aver sperimentato le creazioni di Alice Waters da *Chez Panisse*, fece conoscere ai newyorkesi la cucina californiana nel suo mitico ristorante *Jams*.
Il suo destino non era quello di fare il cuoco. Come racconta nel suo primo libro, uscito nel 2007, *A Great American Cook*, doveva fare il suonatore professionista di trombone, dopo aver fondato una band rock a Berkeley ed essersi laureato. Fu un viaggio in Francia nel 1977 a fargli scoprire la *nouvelle cuisine* dai fratelli Troigros, oltre alla scuola di La Varenne a Parigi. Fu la svolta: ingredienti freschi legati alla stagionalità, pochi condimenti, piatti più semplici.
Nei suoi ristoranti, Waxman ha formato decine di chef che poi hanno spiccato il volo: nel 2002 aprì il *Washington Park*, seguito due anni dopo dall'attuale bistrot di stile italiano *Barbuto*, ospitato in un ex garage che d'estate si apre completamente, come un dehors parigino, alla vita del West Village. Il menu è casual e rustico, quasi tutto in italiano: «paccheri alla bolognese, manzo ai ferri, frutti di bosco con brodo». Così spiega la sua filosofia di cucina: «Mi piace la sensazione croccante nel pane, il piccante nelle salse e la freschezza del ripieno».

PIZZA S'MORE (PAG. 152)

BARBUTO

775 Washington Street (West 12th Street), New York, NY
tel. +1.212.924.9700
www.barbutonyc.com

ANDREA ZANIN

EMOZIONI IN FORMA DI ZALETI

Venezia non è soltanto la città struggente di Thomas Mann e di Giuseppe Berto, è anche la patria dei "mercadanti" e dei loro commerci, delle tradizioni settecentesche del carnevale più famoso del mondo e delle dolci specialità che si posso trovare tra calli e campielli: bussolai, zaleti, pinza e fritöe. È in questo filone, vitale e gaudente, che si inserisce una delle figure più note della pasticceria veneziana, rappresentante di una famiglia che a Mestre, fin dal 1967, è sinonimo di dolcezza e che ora ha conquistato tutta la laguna. Adrea Zanin ne è il "doge" indiscusso, un ragazzo che ha bruciato molte tappe da quando, nel 1986, ha preso le redini dell'azienda. Oggi il suo risultato di maggior prestigio è l'essere entrato a far parte – uno dei pochi in Italia – della associazione internazionale *Relais Dessert*. Da anni è animatore convinto dell'Accademia Maestri Pasticcieri Italiani e ha vinto numerosi premi e riconoscimenti. Zanin è uomo di buon umore, gioviale e disponibile, dalla risata contagiosa. Un amico per tutti. È soddisfatto, da "mercadante" veneziano, di quello che è riuscito a realizzare con il suo lavoro. Ma non è un business man senz'anima: «Quando si lavora 15-16 ore al giorno, come me, non lo si può fare senza avere una grande passione. La mia gioia nasce dalla possibilità di trasmettere emozioni attraverso i miei sapori».
Sempre di più ci sono cuochi che diventano pasticceri o viceversa. «Quando cucino, lo faccio con la stessa precisione che dedico alla pasticceria». Ma gli zaleti, i dolcetti tradizionali veneziani con la farina di mais, per lui sono meglio. Questo, però, Andrea non lo dice, con quel sorriso degli occhi che soltanto chi è così dolce può avere.

DOLCE DOGE (PAG. 154)

PASTICCERIA ZANIN

Via Bissuola 24, Mestre-Venezia
tel. +39.041.5343262
Alti punti vendita: Mestre, Treviso, Dubai, Abu Dhabi
www.andreazanin.it

LUCA ZECCHIN

LE COLLINE NEL PIATTO

Cinquant'anni li separavano. Una comune passione li univa. Lei, classe 1930. Lui, classe 1980. Lei aveva mani da nonna che sapevano creare piatti legati alle colline di Langa e Monferrato. Lui ha occhi da ragazzo che imparano presto. Insieme per anni hanno rappresentato la cucina, straordinaria, del ristorante Guido da Costigliole. Dopo la scomparsa di Lidia Alciati (pag. 209), Luca Zecchin è rimasto al *Relais San Maurizio* a tenerne alta la memoria.
Dopo l'istituto alberghiero di Agliano Terme (AT), Luca ha fatto un po' di esperienza in altri ristoranti, per entrare ventenne, nel 2000, nel ristorante diretto da mamma Lidia. «Ormai mi sento un po' della famiglia, dopo tanti anni...» ammette lo chef sorridendo, ora che è anche diventato socio degli Alciati. Se nei primi anni Luca Zecchin ha cercato l'innovazione, con piatti geniali come Abbiamo fritto l'uovo, compensando così la tradizione nel comporre uno dei menu più interessanti del Piemonte, ora sta vivendo una fase di riflessione, che lo porta a voler essere più vicino alle sue colline intono al *Relais San Maurizio*, citando piatti famosi di Lidia con qualche modifica, come il baccalà con patate e porcini. Ecco la filosofia di Luca: «Siamo tutti stanchi, in Italia, della finta cucina. Per questo ho rimesso in carta il pollo alla cacciatora: si deve tornare ai sapori *d'antan*. Comunque non si finisce mai di imparare, con gli occhi ancor prima che con il palato. Quando ho il giorno libero, anche adesso che guido una brigata di sette ragazzi, vado in giro a provare le specialità dei colleghi. A volte io i piatti li "vedo", me li immagino mentre sono a letto, e poi nascono magari d'improvviso».

RISOTTO MANTECATO ALLA ZUCCA E NUTELLA (PAG. 156)

RELAIS SAN MAURIZIO, RISTORANTE GUIDO DA COSTIGLIOLE

Loc. San Maurizio, Santo Stefano Belbo (CN)
tel. +39.0141.841900
www.relaissanmaurizio.it

APPENDICE

BIBLIOGRAFIA

AA.VV. – *Catalogo della mostra Cento anni di prodotto italiano*, Parco Scientifico e Tecnologico Galileo, Padova 2002

AA.VV. – *Ferrero 1946-1996*, pubblicazione fuori commercio Ferrero Spa, Pino Torinese 1996

BARTHES R. – *Miti d'oggi*, Einaudi, Torino 1974

BERTOLA R. – *Jo Condor*, Sei, Torino 1976

BRAGAGLIA C. – *Sequenze di gola*, Cadmo, Milano 2002

CAMPANELLI C., TAURINO M. – *NG bicchieri promozionali*, Centrostampa, Roma 2000

CASELLA C. – *True Tuscan*, HarpersCollins, New York 2005

CASSINI R. – *Il piccolo libro della Nutella*, Mondadori, Milano 2000

CASSINI R. – *Nutella Nutellae*, Liber Magno, Comix, Modena 1995

CASSINI R. – *Nutella 2 La vendetta*, Comix Pillole, Modena 1994

CIRIO R. – *Qualità, scénes d'object à l'italienne*, Editions du May, Paris 1990

CIUFFOLETTI Z. (a cura di) – *Dolceamaro*, Alinari, Firenze 2003

CULICCHIA G. – *Tutti giù per terra*, Tea, Milano 1999

CULICCHIA G. – *Brucia la città*, Mondadori, Milano, 2009

DE VECCHI S., DI NOLA A., TONELLI M. – *Storia di un successo*, Aeda, Torino 1967

FABRIS G., PADOVANI G. – *Nutella siamo noi*, pubblicazione fuori commercio Ferrero Spa, Pino Torinese 1996

FARINETTI G. – *L'isola che brucia*, Marsilio, Venezia 1997

FO J. – *Ti amo ma il tuo braccio destro mi fa schifo, tagliatelo*, Oscar Mondadori, Milano 2000

GIUSTI G. – *Il grande libro di Carosello*, Sperling & Kupfer, Milano 1995

GRASSO A. (a cura di) – *Enciclopedia della televisione*, Garzanti, Milano 1996

GUARNASCHELLI GOTTI M. (a cura di) – *Grande enciclopedia illustrata della gastronomia*, Mondadori, Milano 2007

IACCHETTI G. (a cura di) – *Italianità*, Corraini, Mantova, 2009

KOSTIOUKOVITCH E. – *Perché agli italiani piace parlare del cibo*, Sperling & Kupfer, Milano, 2006

LÉVY J. – *Incontro*, Frassinelli, Milano 1996

MARELLI M. – *La fisica del tacco 12*, Rizzoli, Milano, 2009

MARIANI J.F. – *The Dictionary of American Food and Drink*, Hearst Books, New York 1994

MCLUHAN M. – *Gli strumenti del comunicare*, Il Saggiatore, Milano 1997

MAZZANTINI M. – *Venuto al mondo*, Mondadori, Milano, 2008

MONDADORI S. – *Un anno fa domani*, Instar, Torino, 2009

OGGERO M. – *L'amica americana*, Mondadori, Milano, 2005

PADOVANI G. – *Gnam! Storia sociale della Nutella*, Castelvecchi, Roma 1999

PADOVANI G. – *Nutella, un mito italiano*, Rizzoli, Milano, 2004

PIGNA A. – *Miliardari in borghese*, Mursia, Milano 1966

RODOTÀ M.L. – *Pizza di farro alla rucola con Nutella e altre stranezze italiane*, Sperling & Kupfer, Milano 1995

VOLO F. – *Esco a fare due passi*, Mondadori, Milano, 2001

WAXMAN J. – *A Great American Cook*, Hougton Mifflin Company, Boston New York 2007

INDICE DELLE RICETTE DEGLI CHEF PER PORTATE

Antipasti o snack

Primi

Secondi

Dolci

INDICE ALFABETICO RICETTE

REFERENZE ICONOGRAFICHE

Archivio Ferrero (cortesia): 4, 12(1-3), 14-15, 20-21, 24, 26s, 26d, 27a, 28s, 28d, 29, 30s, 30d, 31, 32s, 32d, 33ad, 33b, 34s, 34d, 35, 36a, 36b, 37, 38s, 38d, 39, 40, 41, 42, 43, 44, 46s, 46d, 49, 52s, 52d, 53, 55s, 55d, 56d, 57, 58-59, 60, 62a, 63b, 64, 66, 67, 68ad, 69, 71, 74, 77, 160, 162, 168, 176, 186, 192

Archivio Giunti / grafica G. Mattioli: 33as

Archivio Giunti / foto Francesca Brambilla e Serena Serrani: 2, 12(5), 73, 78-79, 82-83, 85, 86-87, 89, 93, 95, 97, 98-99, 100-101, 102-103, 104-105, 106-107, 108-109, 110-111, 113, 115, 116-117, 118-119, 121, 122-123, 124-125, 127, 128-129, 131, 132-133, 134-135, 136-137, 138-139, 140-141, 142-143, 144-145, 146-147, 148-149, 151, 153, 154-155, 156-157, 208as, 208ad, 208-209, 209ad, 214, 215s, 216, 217, 219d, 220, 221d, 222s, 223ad, 224d, 225s, 226, 227, 228, 228-229, 231

Archivio Giunti / foto Marco Favi: 12(6), 158-159, 165, 166-167, 170-171, 172-173, 174-175, 178-179, 182-183, 184-185, 189, 191, 195, 196-197, 199, 201, 202-203

Archivi Alinari / © Roger-Viollet: 70

© Ballarini Paolo & figli SpA (cortesia): 7, 63a

Massimo Bottura / © Yanez Puksic: 91

Tonino Cannavacciuolo (cortesia): 94, 212d

© Paolo Cecchin (cortesia): 225d

Corbis / © Jennifer Kennard: 204-205

Corraini / © Ale+Ale (cortesia): 12(4), 68s

Gennaro Esposito (cortesia): 104, 215

© Per-Anders Jorgensen, London: 211d

Patrick Jouin / © Thomas Duval (cortesia): 75

Fabrizia Meroi (cortesia): 114, 219s

Aimp e Nadia Moroni (cortesia): 84,

Olycom / © Stockfood: 180

© Gigi Padovani (cortesia): 11, 27b, 45, 54, 61, 76, 88, 92, 96, 126, 152, 210(4), 211s, 212s, 213(3), 218(2), 219d, 222d, 222-223, 230(2)

Davide Palluda (cortesia): 116, 220s

Giancarlo Perbellini (cortesia): 120, 220

Antonella Ricci (cortesia): 130, 224s

© Daniele Solavaggione: 23

© Studio Nadadora, Valencia (cortesia): 62b

© Paolo Ulian (cortesia): 65

Ilario Vinciguerra (cortesia): 150, 229d

© Beppe Zagaglia, Modena: 90

NB: per le immagini di pag. 80 si faccia riferimento al ricettario degli chef (pp. 82-157)

RINGRAZIAMENTI

Il mio primo caloroso grazie va ai 40 cuoche, cuochi e pasticcieri che mi hanno donato idee, tempo e le loro immagini: sono stati preziosi, simpatici e affettuosi compagni di cammino sia della prima edizione del 2006 sia di questa seconda edizione.

Una sentita riconoscenza va all'amica scrittrice Andrea Lee per la sua ironica e stimolante prefazione.

Sono grata anche agli artisti Eugenio Comencini e Silvano Costanzo per le opere d'arte che abbiamo qui riprodotto.
Per le fotografie della parte "Nutella d'autore" ringrazio Francesca Brambilla e Serena Serrani.
Per la parte "Profumo di casa" ho ricevuto un professionale contributo da Rosalba Gioffré.
Un ringraziamento, infine, a Giada Riondino per la collaborazione prestata nel corso della realizzazione del volume.

Ringrazio la Ferrero Spa per la collaborazione nella ricerca dei dati d'archivio e delle immagini aziendali.
Il libro è comunque nato da una mia idea, condivisa da mio marito Gigi Padovani.

Un particolare ringraziamento va a queste persone, che hanno aiutato Gigi e me per la realizzazione dell'opera: Pio Boffa, Marco Brambilla, Sarah Branduardi, Antonio Castiglia, Lorenza Cerbini, Chiara Del Cogliano, Alessia Gorni, Karl W. Krohn, Maurizio Molinari, Sabrina Notarnicola, Pier Aldo Oldano, Maria Risi, Sara Rosso, Francine Segan, Francesco Semprini, Daniele Solavaggione, Cenk Sonmezsoy, Mario Strola, Raoul Romoli Venturi.

Ringrazio per la collaborazione anche questi enti e società, che hanno fornito immagini e informazioni: Centro documentazione de «La Stampa»; «Le Carrousel du Louvre», Palazzo dei Diamanti di Ferrara; Mistiche Nutelle; Scuola Italiana Design di Padova, Studio Nadadora, Valencia; Ballarini Paolo & Figli Spa, Rivarolo Mantovano; Agence Patrick Jouin, Paris; Corraini Editore.

Clara Vada Padovani
Torino, luglio 2010